Photo de couverture : Jeunes gardiens de bétail, île de Santo Antão, République du Cap-Vert, février 2016 (document de l'auteur).

5-7, rue de l'Ecole-Polytechnique, 75005 Paris

www.editions-harmattan.fr

ISBN : 978-2-343-21402-3
EAN : 9782343214023

Les enfants sous la coupe de l'économie

Questions contemporaines
Série « Questions de communication »
Dirigée par Bruno Péquignot

La communication est au cœur de la vie politique, économique et culturelle de la société contemporaine. Cette série, dans le cadre de la collection « Questions Contemporaines » publie des ouvrages qui proposent des approches interdisciplinaires sur les questions de communication.

Déjà parus

Benjamin W.L. DERHY KURTZ, *L'industrie télévisuelle revisitée, Typologies, relations sociales et notion(s) du succès,* 2020.
Cécile TARDY et Marta SEVERO (dir.), *Dispositifs du visible et de l'invisible dans la fabrique des territoires*, 2020.
Lafontaine ORVILD, *Autopsie de l'autorégulation de la presse haïtienne. Considérations éthico-politiques*, 2019.
Albin WAGENER, *Systémique des interactions*, 2019.
Boris BARRAUD, *Désinformation 2.0. Comment défendre la démocratie ?*, 2018.
Orphée GORÉ et Paul-Hervé AGOUBLI (dir.), *Les réseaux sociaux en ligne, problématique des nouvelles transparences*, 2018.
Didier HALLOY, *Le canard enchainé : l'information mise en scène,* 2016.
Odilon CABAT, *Sous le sceau de la marque*, 2013.
Rodolphe DALLE (dir.), *Didactique de la communication*, 2013.

Nicole Péruisset-Fache

Les enfants sous la coupe de l'économie

L'Harmattan

Du même auteur

La logique de l'échec scolaire, Du rapport au langage I, 1999

L'éducation, droits, devoirs et pouvoirs des parents, Du rapport au langage II, 2000

Etre mère aujourd'hui : mythes, réalités, enjeux et perspectives, 2001

Professeures, l'Etat c'est vous !, 2002

Capitalisme, nature, cultures, 2003

Ecole en débat, le baroud d'honneur ?, 2004

La modernisation de l'école, Appel à la résistance, 2005

*L'éducation d'*homo sapiens. *Du savoir à la sagesse ?*, 2007

Aux sources de l'image, Petit traité d'iconopoïetique, 2009

L'humanisme et l'espoir, 2012

Pouvoirs, impostures, Du mensonge à l'encontre des peuples, 2014, Collection Questions contemporaines.

La bourse ou la vie, Réflexions sur les valeurs contemporaines, 2015, Collection Questions contemporaines.

La vraie vie est absente, Regard anthropologique sur notre monde, 2016, Collection Questions contemporaines

Civilisation, j'écris ton nom, 2018, Collection Questions contemporaines.

Sacrifices humains, Une histoire de la prédation sociale, Essai anthropologique, 2019 Collection Pour comprendre.

Que sont les humains devenus ? Collection Questions contemporaines, juin 2020.

Introduction : de l'idéal à la réalité

La société occidentale contemporaine semble faire grand cas de ses enfants, et même s'inquiéter du sort des enfants du reste du monde par le biais des ONG et surtout de ce traité international que constitue la *Convention relative aux droits de l'enfant*, encore appelée *Convention de New York*. Ce texte, adopté le 20 novembre 1989 par l'Assemblée générale de l'Organisation des Nations unies, fait suite à la *Déclaration des droits de l'enfant* du 20 novembre 1959.

En théorie, et sur le papier, l'idéal est bien évidemment louable et paraît couler de source : il s'agit de protéger les enfants contre toutes sortes d'abus qui ont cours. Et pourtant, la recherche nous montre qu'il y a loin de l'idéal à la réalité. Ainsi, Becchi et Julia (1998) notent qu'à l'enfant idéal promu par les textes de l'Unicef, s'oppose, dans les enquêtes périodiquement menées par cette même institution et par d'autres, une enfance réelle qui semble, dans beaucoup de régions du monde, être exactement le contraire de tout ce que souhaitent les organisations internationales.

C'est ainsi que la réalité met en échec les efforts du Bureau international du travail pour éradiquer le travail des enfants, entendu comme leur exploitation et établi comme l'une des violations les plus condamnables des droits humains. En effet, il est souligné qu'aujourd'hui la mondialisation de l'économie, la tutelle des instances financières internationales publiques sur les politiques économiques des pays sous-développés (entre autres), la concurrence accrue entre entrepreneurs, débouchent en réalité sur la recherche systématique de l'abaissement du prix de la force de travail et sur l'exploitation de la main-d'œuvre la moins chère, l'enfant (Becchi et Julia, 1998).

D'aucuns trouvent discutable *la Convention de New York*, dans la mesure où ce texte traite les enfants comme une minorité à libérer, qui plus est une minorité adulte de sujets accomplis (Legendre, 1992 ; Roussel, 2001), Jean Baudrillard allant jusqu'à qualifier cette Convention d'ubuesque, dans sa tribune de Libération du 16 octobre 1995, « *Le continent noir de l'enfance* », citée par Louis Roussel (2001). Il est vrai que ce texte leur donne des droits relativement étonnants et peut-être non essentiels pour des enfants, notamment en ses articles 13 (sur la liberté d'expression) et 15 (sur la liberté d'association) ainsi que nous en avons fait état par ailleurs (Péruisset-Fache, 2014). Ce texte apporte néanmoins la preuve par prétérition que la protection des enfants et la reconnaissance de leurs droits ne sont pas un idéal social universellement atteint, loin de là, et qu'il revient par conséquent aux Etats-Parties (bien négligents, en l'occurrence) de veiller à ce que cet idéal puisse advenir, dans le but de construire un monde meilleur.

L'Histoire montre que dans toutes les cultures, les enfants ont toujours été partie prenante de la survie de leur communauté ; ceux des classes défavorisées des sociétés inégalitaires ont souvent été contraints de travailler et même, pour une majorité d'entre eux, ont sans le savoir porté l'économie à bout de bras (on pense par exemple à l'exploitation impitoyable des enfants pendant la Révolution industrielle, notamment en Angleterre et en France, sur quoi nous reviendrons). S'il paraît en être autrement dans le monde occidental contemporain, c'est que celui-ci utilise (au sens fort) les enfants d'autre manière, ainsi que nous le verrons.

Nous nous proposons donc, dans un premier chapitre de nous arrêter sur la place de l'enfant dans la société en interrogeant le concept d'enfant, de revenir sur le concept d'économie que nous avons déjà analysé par ailleurs, et de rappeler les liens assez bien connus entre la condition enfantine et l'économie ; dans un deuxième chapitre, nous analyserons de plus près le rôle des enfants dans la production économique des sociétés traditionnelles et de l'occident moderne ; dans le troisième chapitre, nous interrogerons le concept d'enfant-roi de la société de consommation et dans le quatrième, nous regarderons de plus près ce que le monde contemporain offre comme univers de vie aux enfants de maintenant.

De même que l'historienne Arlette Farge (2019) a tenu à offrir à ses lecteurs des fragments de vies oubliées, à partir d'archives hétéroclites du XVIIIe siècle, archives dont elle avait conservé les notes sans les utiliser, de même cet essai, sans pour autant s'inscrire dans une démarche spécifiquement historienne, se propose de rendre justice, et de donner voix en quelque sorte, aux enfants anonymes que les systèmes économiques ont utilisés, voire broyés, dans le passé, et continuent de solliciter et de malmener aujourd'hui ; il a également pour objectif d'ouvrir les yeux de nos contemporains sur la réalité de la condition enfantine.

Chapitre 1.
L'enfant dans la société

Avant toute chose, il nous faut examiner la place de l'enfant dans la société d'un point de vue historique et, pour cela, remonter le temps et nous débarrasser de la perception que nous avons des petites filles et des petits garçons d'aujourd'hui pour interroger le concept d'enfant à la lumière de l'histoire. Enfants, nos ancêtres et leurs contemporains furent bien différents des représentations que nous avons de cette classe d'âge dans notre propre société. Comme il est dit dans le film de 1971 de Joseph Losey, *Le Messager* (*The Go-between*), « le passé est un pays étranger » (« The past is a foreign country »).

Becchi et Julia (1998) soulignent que plus nous remontons dans le temps, plus les traces que nous pouvons appréhender se révèlent fugitives, non pas que l'enfant n'ait pas tenu sa place, mais simplement que le concept d'enfant recouvre, aux époques qui nous précèdent, des réalités diverses et labiles.

De plus, il faut bien voir que les relations sociales (et familiales) sont aussi, malgré qu'on en ait, des relations économiques, et nous devrons rappeler de quoi il s'agit quand on parle d'« économie », avant de pouvoir évoquer le rôle des enfants dans cette économie.

1.1. Le concept d'« enfant », la représentation sociale de l'enfant

Le mot « enfant », comme chacun sait, est étymologiquement issu du vocable latin « *infans* », participe présent employé comme adjectif ou comme nom, qui signifie « qui ne parle pas » ; il s'agit d'un mot épicène, qui ne permet donc pas de distinguer le masculin du féminin. Jean-Pierre Néraudau (Becchi et Julia, 1998) explique l'étymologie du mot à partir du préfixe négatif *in-* et du participe présent du verbe *fari* qui désigne un état zéro de la parole, contrairement à *loqui*, qui désigne une parole organisée (et qui, entre autres, a donné en français les mots « locuteur », « locution », « interlocuteur », etc.) Pour les Romains, les « *infantes* » sont comparables aux animaux, auxquels cette épithète est souvent appliquée comme une épithète de nature. Construction sociale évidente, cet état de non-parlant est censé durer jusqu'à l'âge de sept ans, au moment où l'« *infans* » quitte les mains des femmes pour l'école, âge charnière caractérisé par la perte des dents de lait ainsi que, censément, l'accès à la capacité de juger du bien et du mal, et qui sera par conséquent, dès l'Antiquité, considéré comme l'âge de raison, ainsi qu'en font état Egle Becchi et J.-P. Néraudau (Becchi et Julia, 1998). Ne pas pouvoir parler, soulignons-le d'emblée, constitue une des toutes premières conditions de la vulnérabilité d'un être humain, les dictateurs le savent bien.

Précisément, qu'en est-il à Rome de la petite fille et du petit garçon ? Aline Rousselle (Duby et Perrot, 2002) souligne que le droit romain fixe à 12 ans l'âge auquel une fille donnée par son père à un mari devient officiellement matrone, épouse honorable, avec tous les effets de droit du mariage, ce qui n'a alors pas cours dans d'autres civilisations de l'Empire. Des petites filles ont même pu être mariées dès 10 ou 11 ans, ainsi qu'en témoignent des inscriptions funéraires ; d'autres ont eu leur premier enfant à 13 ans, selon certains textes, Aline Rousselle en fait état. Epousées « pour faire des enfants » selon la formule même du droit romain, elles s'inquiétaient si l'enfant tardait. Pour scandaleux que ces pratiques nous apparaissent aujourd'hui, eu égard à leur manque de considération de la volonté propre de la femme adulte en devenir que représente la petite fille, il faut tout de même rappeler que selon Germaine Tillon et Claude-Lévi-Strauss, cités par Louis Roussel (2001), la place de la femme dans la société n'aurait pas toujours eu cette caractéristique de soumission ; elle aurait changé au moment du basculement entre le nomadisme du paléolithique et la sédentarité du néolithique, provoquant un avilissement général de la condition féminine dans la zone concernée, changement anthropologique majeur. A ce moment du basculement, la femme serait alors devenue captive de l'homme, considérée comme une partie de son patrimoine. A l'époque romaine, nous sommes déjà loin du néolithique et encore davantage du paléolithique, et la femme est considérée comme inférieure.

Aline Rousselle attire néanmoins notre attention sur le fait que ce qui était demandé aux femmes dans les cités de l'Empire romain, comme dans les ethnies de type non civique, c'était davantage et autre chose que la reproduction globale de la population. C'était d'assurer la transmission des statuts privilégiés et, pour les femmes de condition inférieure, la reproduction du matériel humain sur lequel reposait la civilisation. Dans tous les cas, c'est la société qui règle les conditions du destin biologique des femmes (Duby et Perrot, 2002), une société où les décisions politiques, dont celles qui ont trait à la procréation, leur échappent puisqu'elles sont uniquement prises par des hommes, une société pyramidale où la liberté et le bien-être de l'élite reposent sur la soumission et l'exploitation du reste de la population. Vingt siècles plus tard, les choses ont-elles changé ?

Du reste, on rappellera que la femme romaine est considérée comme mineure tout au long de sa vie, caractérisation qui perdurera jusqu'au XXe siècle en France (on ne le dit pas assez, la loi qui permet à une femme de travailler sans l'autorisation de son mari et d'ouvrir un compte en banque date de 1965). Ce qui perdurera également jusqu'à nos jours, ce sont les stéréotypes de sexe (la distribution des rôles entre garçons et filles), encore visibles aujourd'hui, notamment dans les messages publicitaires et, plus particulièrement encore, dans ceux qui concernent les jouets. Les filles et les garçons y sont invités à reconnaître les qualités sociales qu'on attend d'eux, leurs futurs possibles rôles professionnels et leurs futures probables positions dans les rapports domestiques, ainsi que le montre S. Vincent (2001).

Rappelons aussi que jusqu'au tout début du XXe siècle, l'espérance de vie d'un être humain est extrêmement faible, une trentaine d'années en moyenne à la fin du XVIIe siècle, inchangée depuis les temps préhistoriques (Tubiana, 1995) et la mortalité infantile très élevée. De plus, aux époques reculées, ce haut niveau de mortalité infantile, combiné à l'impossibilité d'y remédier, compte tenu de l'état des connaissances, ne pouvait favoriser l'amour parental (Vincent, 2001). Cette réalité anthropologique conditionne nécessairement la vie sociale.

Dans l'empire romain, Aline Rousselle (Duby et Perrot, 2002) estime que la mortalité infantile devait avoisiner les 200 pour mille, soit un cinquième, ainsi qu'elle le restera dans les sociétés préindustrielles jusqu'à l'aube du vingtième siècle. Ces données marquent donc déjà indéniablement les comportements des Romains, ce qui peut d'ailleurs entraîner aussi bien une manière d'indifférence qu'une attention accrue envers les enfants, ainsi que le note J.-P. Néraudau (Becchi et Julia, 1998). D. Julia note que, ultérieurement, dans la France rurale de Louis XIV (qui règne de 1643 à 1715), la mortalité infantile, de la naissance à l'âge d'un an, atteint le taux de 350 pour mille et celle des enfants de un à quatre ans est de 261 pour mille (Becchi et Julia, 1998). En 1895 encore, 17 enfants sur 100 mouraient avant l'âge d'un an, la mortalité infantile avoisinant toujours 10 % à la veille de la Grande Guerre alors qu'elle est dix fois moindre aujourd'hui (Goubert, 1984).

Non seulement les maladies prélèvent un nombre considérable de vies de petits enfants, mais aussi les accidents domestiques, chutes, noyades, incendies (Cunningham, 2006), ainsi que les conditions très précaires de la mise en nourrice, le manque de soins et d'hygiène ajouté à l'indifférence et à la négligence des parents, surtout à partir du XVIIe siècle et ce jusqu'à la fin du XIXe (Badinter, 1980). La mortalité infantile est alors souvent compensée, dans l'esprit des parents dont les familles sont pléthoriques, par la croyance que l'enfant disparu renaît ensuite, ce qui explique que le même prénom serve plusieurs fois successivement pour deux voire trois enfants, le précédent étant mort prématurément et se trouvant comme remplacé par le suivant (Lebrun, 1981 ; Roussel, 2001).

En conclusion de son étude sur les rapports entre parents et enfants, Elisabeth Badinter (1980) note sans complaisance que la longue histoire de l'autorité paternelle et de l'amour maternel met en lumière les ratés, les mensonges, les frustrations et l'égoïsme qui les accompagnent. Quoi qu'il en soit, d'Antoine Deparcieux (1703-1768), mathématicien devenu académicien, célèbre pour son livre *Essais sur les probabilités de la durée de la vie humaine, d'où l'on déduit la manière de déterminer les rentes viagères tant simples que tantines, précédé d'une courte explication sur les rentes à terme, ou annuités, et accompagné d'un grand nombre de tables*, publié en 1647, à Villermé (1782-1863) et Achille Penot (1801-1886) puis Liebmann Hersch (1882-1955), il est noté que l'inégalité devant la mort, dont celle des enfants, apparaît, de façon évidente et statistique, fonction de la position sociale et de la richesse du noyau familial, ainsi que le souligne le démographe Alain Norvez (1990). Aujourd'hui, c'est l'inégalité des chances d'être en bonne santé selon la catégorie sociale qui est repérée (Marmot, 2020). Les enfants sont restés très dépendants des conditions sociales de leurs parents, malgré les avancées de la médecine qui ne profitent donc pas à tous et qui ne suffisent pas.

En français, le mot « enfant » a perdu tout souvenir de son étymologie et s'applique à l'être humain bien au-delà de la petite enfance, au-delà donc de la période au cours de laquelle la maîtrise du langage n'est pas atteinte. Il désigne évidemment aussi la première génération issue d'un couple, et s'emploie alors dans l'opposition binaire parents/enfants, quel que soit l'âge des uns et des autres. Toutefois, nous restons là dans une certaine imprécision. Par contre, il est intéressant de noter qu'aux termes de la *Convention relative aux droits de l'enfant*, dont il a été question plus haut, la définition de l'enfant est plus catégoriquement circonscrite à l'article 1 de la Première partie :

« *Au sens de la présente Convention, un enfant s'entend de tout être humain âgé de moins de dix-huit ans, sauf si la majorité est atteinte plus tôt en vertu de la législation qui lui est applicable* ».

Autrement dit, ce que les anglophones entendent, par « teenagers », mot formé à partir des adjectifs numéraux cardinaux qui se terminent par le suffixe « teen », à rapprocher de l'adjectif numéral cardinal « ten » (« dix »), et qui désigne les jeunes dont l'âge est compris entre 13 et 19 ans (sauf qu'on n'est plus considéré comme un adolescent à partir de la majorité légale, soit l'âge de 18 ans, dans la plupart des pays), donc ce que nous appelons « l'adolescence », est englobé dans le concept d'enfant tel que défini par cette Convention.

Le concept d'enfant semble ainsi devoir référer aux oppositions parents/enfants, majeurs/mineurs. Il a partie liée avec la représentation, fluctuante, que les sociétés se font de l'enfant, selon les lieux et selon les époques. Il faut tout de même noter un certain brouillage dans la définition de la minorité légale. Bernard Stiegler (2008) fait ainsi observer que désormais, pour certains délits, et en cas de récidive, les délinquants mineurs ne sont plus jugés en France en fonction de leur minorité ; la loi leur est appliquée comme à leurs parents majeurs. La cause invoquée est que la définition juridique qui définissait un âge de la responsabilité pénale et limitait ainsi la portée répressive de la loi à l'encontre des mineurs, induisait un sentiment d'impunité (Stiegler, 2008).

Le démographe Carlo C. Corsini (Becchi et Julia, 1998) souligne que l'enfance en tant que statut est fonction des transformations sociales et donc des différents intérêts qu'on accorde, au fil du temps, à sa définition et à l'âge chronologique choisi pour la délimiter. Philippe Ariès (1975) indique, de son côté, que jusqu'au XVIIIe siècle, l'adolescence se confond avec l'enfance. Si l'on se réfère à la Convention de New York, le Droit international contemporain semble donc adopter le même point de vue.

On sait qu'en occident, l'enfant a longtemps été considéré comme un objet, notamment le bébé, avant de commencer à devenir un objet d'attachement, donc une personne. Françoise Héritier (1996) souligne que dans le monde occidental, c'est depuis peu que le bébé est considéré comme une personne. Cette situation advient particulièrement en France au XVIIIe siècle, et plus notablement dans les milieux aisés, ainsi que l'a observé E. Badinter (1980). Mais l'importance qui est donnée à l'enfant est aussi due au fait qu'il représente une ressource économique d'abord pour sa famille, plus tard pour l'Etat, ce qui nous conduit à tenter de préciser ce que l'on entend par « économie ».

1.2. Qu'est-ce que l'économie ?

Une fois encore, nous aurons recours, pour commencer, à l'étymologie. Pour les Grecs, *oikos nomos* signifie l'organisation, la loi, l'ordre de la maison (Viveret, 2005), au service de la famille au sens large et, par extrapolation, de la Cité. Michel Foucault (1984), à qui nous empruntons les éléments d'analyse qui suivent, explique que, selon Xénophon (vers 430 av. J.-C., vers 355 av. J.-C.), qui vit dans une société agricole archaïque, la notion d'*oikos* ne réfère pas seulement à la maison proprement dite, elle englobe aussi les champs et les biens où qu'ils se trouvent, même en dehors des limites de la cité. Elle définit toute une sphère d'activités.

A ces activités, sont liés un style de vie et un ordre éthique. Le mode d'existence du propriétaire, s'il s'occupe comme il faut de son domaine, est d'abord bon pour lui-même, il constitue un exercice d'endurance, un entraînement physique nécessaire pour le corps, sa santé et sa vigueur, il encourage aussi à la piété en permettant de faire de riches sacrifices aux dieux, il favorise les relations d'amitié en donnant l'occasion de se montrer généreux, d'accomplir largement les devoirs de l'hospitalité, et de manifester sa bienfaisance à l'égard des citoyens. Cette activité est utile à la cité tout entière parce qu'elle contribue à sa richesse et lui fournit de bons défenseurs : le propriétaire foncier, habitué aux rudes travaux, est un soldat vigoureux et les biens qu'il possède l'attachent à défendre courageusement le sol de la patrie (Foucault, 1984).

Tous ces avantages personnels et civiques de la vie de propriétaire viennent se fondre dans ce qui apparaît comme le mérite principal de l'art « économique », soit le commandement dont il est indissociable. Diriger l'*oikos*, c'est commander ; et commander à la maison n'est pas différent du pouvoir qu'on a à exercer en ville.

L'épouse en tant qu'elle est maîtresse de maison est un personnage essentiel dans la gestion de l'*oikos* et pour son bon gouvernement. Xénophon, à la source duquel Foucault emprunte ce raisonnement, traite de la relation matrimoniale comme d'un aspect de la responsabilité gouvernementale du mari et cherche à déterminer comment l'époux pourra faire de sa femme la collaboratrice, l'associée dont il a besoin pour la pratique raisonnable de l'économie. Leur but commun est le maintien de la maison et la dynamique de sa croissance. Le « toit » détermine une région extérieure et une région intérieure ; la première relève de l'homme, la seconde constitue le lieu privilégié de la femme, le lieu où l'on rassemble, accumule et conserve ce qui a été acquis.

Dehors, l'homme sème, cultive, laboure, élève les troupeaux ; au-dedans, la femme reçoit, conserve et attribue au gré des besoins ; les deux rôles sont complémentaires. Deux lieux, deux formes d'activité, deux façons d'organiser le temps : du côté de l'homme, la production, le rythme des saisons, l'attente des récoltes, le moment opportun à respecter et prévoir ; du côté de la femme, la conservation et la dépense, la mise en ordre et la distribution quand c'est nécessaire, et le rangement. Chacun des deux conjoints a une nature, une forme d'activité, une place qui se définissent par rapport aux nécessités de l'*oikos*. Qu'ils s'y tiennent l'un et l'autre, c'est ce qu'enjoint « la loi », *nomos*, usage régulier qui correspond exactement aux intentions de la nature, qui attribue à chacun son rôle et sa place, et qui définit ce qu'il est convenable et beau pour chacun de faire et de ne pas faire. Modifier cette répartition, passer d'une activité à l'autre, c'est attenter à ce *nomos*. L'opposition « naturelle » de l'homme et de la femme, la spécificité de leurs aptitudes sont indissociables de l'ordre de la maison, elles sont faites pour cet ordre qui en retour les impose comme des obligations (Foucault, 1984).

Cela dit, les penseurs d'aujourd'hui observent que, au moins autant que l'agriculteur de l'époque de Xénophon et d'aujourd'hui encore, la femme est grandement soumise au temps cyclique. En effet, J. Chesneaux (1996) souligne que, de par la physiologie, les femmes restent bien plus proches que les hommes des rythmes de la nature, du temps coutumier par opposition au temps économique prométhéen d'aujourd'hui, celui auquel l'humanité est poussée à « s'adapter » (Stiegler, 2020) ; en un mot, les femmes sont plus proches de la temporalité naturelle : celle du cycle ovarien, du temps de gestation, de la ménopause.

Comment le sens du mot « économie » a-t-il évolué ? Historiquement, on le voit déjà dans ce retour aux origines du mot, l'objet de l'économie est le partage de la richesse, la question de la répartition du travail et de ses fruits. Pour autant, aujourd'hui, les économistes ont occulté la question du partage et parlent de marchés, de besoins, de services, d'offre et de demande sans se demander d'où viennent ces biens, ces services, ces besoins, ces marchés, ni pour qui ils ont été créés (Maris, 2003), de même qu'au Moyen-Age, la scolastique se souciait du sexe des anges.

De nos jours, au lieu d'indexer l'économie sur les besoins des hommes et la finance sur les besoins de l'économie, l'économie a été indexée sur les exigences de la finance et les hommes sont traités comme du « capital humain » au service de l'économie. Rappelons à cet égard que, popularisée par Staline avant d'être formalisée par la science économique, et vulgarisée par l'économiste américain Gary Becker (1930-2014), l'idée de « capital humain » a servi d'équivalent communiste à la notion nazie de « matériel humain » (Supiot, 2010 ; Chapoutot, 2020), termes qui en disent long sur la réification de l'homme, ou plutôt la réification des « exécutants », des « subalternes », par l'économie politique, ceux dont, dans la continuité de cette réification, E. Macron affirme, le 29 juin 2017, qu'ils ne sont « rien » avant de reconnaître, le 12 mars 2020, qu'ils sont « tout », au moment de la pandémie.

Tous les observateurs le notent : l'économie, qui devrait être au service des hommes, n'est au service que d'elle-même, et des financiers ; elle est devenue une fin en soi, les sociétés lui sont soumises, et les hommes lui sont asservis alors qu'à l'inverse, la vraie place de l'économie devrait être celle de servante des hommes ; elle en tirerait sa raison d'être et sa dignité (Beaud, 2000). La politique économique d'un Etat devrait être un instrument pour l'action démocratique du plus grand nombre au profit du plus grand nombre (Sapir, 2002).

Or Damon Mayaffre (2004) observe que de Keynes à Friedman ou Von Hayek, de l'Etat providence à l'Etat gendarme, c'est l'inverse qui se passe, l'économique n'est pas au service du politique ; au contraire, le politique se dissout dans le néo-libéralisme, c'est-à-dire dans un laisser-faire économique toujours plus grand qui permet à une infime minorité de s'enrichir de façon exorbitante au détriment de la grande majorité des citoyens du monde. Bernard Stiegler (2008) note qu'à travers les objets temporels industriels, le pouvoir économique court-circuite le pouvoir politique des Etats, prenant massivement le contrôle des comportements. Barbara Stiegler (2020) insiste pour sa part sur l'idée que le néolibéralisme est également un instrument du politique destiné à transformer (asservir ?) l'espèce humaine pour l'adapter à l'accélération des mutations économiques.

Karl Polanyi (dont le livre cité par M. Beaud (2000), *La grande Transformation*, date de 1944) notait déjà au milieu du XXe siècle que la société est gérée en tant qu'auxiliaire du marché : au lieu que l'économie soit encastrée dans les relations sociales, ce sont les relations sociales qui sont encastrées dans le système économique. Habermas reprend la même idée en écrivant qu'aujourd'hui, ce sont les Etats qui se trouvent enchâssés dans les marchés plutôt que les économies nationales dans les frontières étatiques (Ziegler, 2003). L'économie devrait en bonne logique être un moyen au service d'une fin : l'amélioration de la condition humaine, dans un environnement protégé, à l'échelle mondiale. Au contraire, elle est devenue, mondialement, le seul objectif attribué à la vie humaine et l'agent le plus destructeur de l'environnement, responsable du dérèglement climatique (Malm, 2019).

Or, globalement, nous assistons de nos jours au plus révoltant gaspillage d'un côté (au Nord), et au plus effroyable dénuement de l'autre (au Sud), à la marchandisation de l'homme, des sociétés et de la Terre, et à une fuite en avant techno-industrielle de sociétés sans projets autres que la croissance qui entraîne pourtant la raréfaction des ressources naturelles et des déséquilibres inouïs (Beaud, 2000). Ce phénomène s'observe des Etats-Unis à la Chine où la société dans son ensemble (en particulier la société urbaine et le régime lui-même) n'a fondamentalement plus d'autre perspective qu'un développement conçu en termes purement économiques, une fuite en avant par et pour l'économie ; en Chine, l'imaginaire dominant est désormais le même qu'ailleurs (Billeter, 2019).

Jacques Généreux (2010) note que pendant longtemps, le capitalisme avait dû s'adapter aux résistances de la société, mais que, désormais, c'est la société qui doit s'adapter aux exigences des gestionnaires de capitaux. Le dogme du libre-échange, inscrit dans les traités internationaux, place l'exigence de compétitivité marchande au sommet de la hiérarchie de finalités guidant l'action publique alors qu'il s'agirait, en vue du bien commun, d'adapter l'économie aux exigences d'une bonne société offrant aux humains présents et futurs la capacité de bien vivre ensemble. René Passet (2000) fait observer que réduire l'intérêt général à sa seule dimension économique, ce n'est pas être neutre et objectif, c'est placer les valeurs marchandes au rang de finalités et de valeurs socio-culturelles supérieures à toutes les autres ; le chercheur ajoute qu'ainsi, partout, le sacrifice des hommes devient le moyen d'assurer le bon fonctionnement de la machine économique, sacrifice dont nous avons montré l'extension historique et géographique (Péruisset-Fache, 2019).

Pourtant, E. Hobsbawm (1999) rappelle cette évidence que les êtres humains ne sont pas conçus pour un système de production capitaliste. Dominique Méda (1999) souligne, pour sa part, que la vision économique du monde sur laquelle nous vivons depuis le XVIIIe siècle est profondément anti politique parce qu'elle est profondément antithétique de celle qui pourrait fonder une approche politique de la vie sociale. La vie sociale ne se réduit pas à la vie économique, elle demande la prise en compte de beaucoup d'autres objectifs que la seule croissance de la production. D'ailleurs cette croissance nous mène à l'impasse, et nous le savons depuis au moins les années 1970, sans que rien ne soit fait pour éviter le pire (Meadows *et al*., 2012).

Selon Dominique Plihon (2003), l'idéologie néolibérale cherche à imposer l'idée manifestement fausse que les sociétés humaines vont nécessairement vers le meilleur état économique possible si elles se laissent entièrement orienter par les marchés. Myriam Revault d'Allonnes (2010) insiste sur le fait que toutes les dimensions de l'expérience contemporaine, y compris le politique, sont soumises à la rationalité économique. L'exercice garanti de la liberté économique, la soumission des politiques publiques aux critères d'efficacité, de rentabilité, de compétitivité, la croissance économique en sont arrivées à fonder la légitimité étatique. Cet Etat managérial invoque constamment, pour justifier sa politique, les thèmes de la modernisation, de la rationalisation, des choix budgétaires, de la réforme de l'Etat. La référence à un quelconque bien commun s'est effacée au profit du rapport entre les moyens et les résultats, mesuré de façon quantifiable. Cet envahissement de l'Etat et des sujets par la rationalité économique conduit ainsi à redéfinir les critères de la bonne politique sociale : répondre aux exigences de la rentabilité, faciliter la concurrence, produire des sujets rationnels, mettre les individus dans une position (fictive) d'égale inégalité pour tous. L'extension du paradigme économique à toutes les sphères de la société, à toutes les activités, désormais évaluables selon des normes instrumentales ou quantitatives qui relèvent de la rationalité selon les fins, est le corrélat de la réduction du sujet pluriel, divisé, problématique, ingouvernable, au sujet entrepreneur, et entrepreneur de soi-même, rationnel et calculateur (Revault d'Allonnes, 2010), sujet totalement fictif et anthropologiquement inconcevable, dépouillé de ses caractéristiques proprement humaines, mais prototype que les économistes rêvent de développer (Stiegler, 2020).

Jacques Généreux (2006) observe que l'anthropologie néolibérale, qui fait de l'être humain un individu qui existe avant toute relation à autrui, parfaitement autodéterminé, indépendant des autres, seul maître de ses actes et seul responsable de ceux-ci, un automate égoïste et prédateur en compétition permanente avec autrui pour consommer et accumuler les objets de son désir, est tout simplement fausse. J. Boyer (2001) rappelle que l'homme est d'emblée, fondamentalement, un être social, par essence, par naissance, et non par construction intellectuelle ou politique, et qu'il est constitué par ses liens aux autres. Barbara Stiegler (2020) souligne que les individus et leur pensée émergent de conditions collectives, dans lesquelles l'éducation joue un rôle central. L'anthropologue Françoise Héritier (1996) souligne que l'individu ne peut être pensé que dans la relation à l'Autre, aux autres, mais elle note également que la connaissance anthropologique n'exerce guère d'influence sur les décisions politiques (moins en tout cas que la supposée science économique), ce qui explique en partie le décalage de ceux qui nous gouvernent par rapport à la réalité.

Christian Salmon (2013) note qu'en dérégulant la finance et en déprogrammant l'Etat, la révolution néolibérale des années 1980 a absorbé l'espace même du politique, condamnant l'homme politique placé sous vide à simuler qu'il en est un et à se reprogrammer sans cesse. Pour Jacques Sapir (2002), nous sommes confrontés à la double tendance qui voit l'économie s'imposer comme forme privilégiée de l'action politique tout en se dépolitisant et se réduisant à une technique. L'Etat est sous surveillance du marché et non plus l'inverse (Revault d'Allones, 2010).

A l'avenant, Susan Strange (2011) parle de la dispersion du pouvoir dans l'économie mondiale et, par conséquent, de retrait de l'Etat : les frontières territoriales des Etats ne coïncident plus avec l'étendue ou les limites de l'autorité politique sur l'économie et la société. Pour autant, partout, les hommes politiques parlent comme s'ils avaient la réponse aux problèmes économiques et sociaux, comme s'ils avaient réellement en main le destin de leur pays, or personne ne les croit plus. L'accélération du changement technique constitue la cause primordiale du renversement de l'équilibre du pouvoir entre l'Etat et le marché. Ce transfert des Etats vers les marchés est probablement le plus grand changement dans l'économie politique internationale qui se soit produit dans la deuxième moitié du XXe siècle (Strange, 2011).

Pour autant, nous continuons de vivre comme si nos gouvernements étaient réellement au pouvoir, et comme si nos représentants élus nous représentaient vraiment, sans voir que les puissantes firmes multinationales construisent petit à petit la gouvernance mondiale sans états de leurs rêves, celle que promeut le Consensus de Washington, ou plutôt l'alibi que ce Consensus leur permet tandis qu'elles manipulent les gouvernements à leur avantage.

Saskia Sassen (2009) constate également le déclin de l'Etat libéral confronté au pouvoir des sociétés globales et de marchés globaux, voire le dysfonctionnement de l'Etat libéral. De ce fait, la déréglementation de l'économie ainsi que la privatisation et la marchandisation de fonctions publiques non seulement étendent la sphère privée, mais aussi soustraient une grande part de l'activité économique au contrôle public et à l'obligation de rendre compte. La tendance générale est même au renforcement de l'arbitrage international et à son affranchissement plus poussé de la règlementation des systèmes judiciaires nationaux (Sassen, 2009). L'Organe de Règlement des Différends (ORD) de l'Organisation Mondiale du Commerce (OMC) en offre un exemple significatif (Laval et Weber, 2002 ; Ziegler, 2003, 2005). Mais qui s'en doute ? Nous interprétons la réalité, pour la plupart d'entre nous, à partir de schémas mentaux obsolètes.

Pierre Legendre (1992) évoque la mobilisation de tout l'humain par l'économie aujourd'hui ; selon lui, l'interrogation sur le juste et l'injuste a été rabattue vers l'économisme et la gestion. Dans une analyse plus audacieuse et plus radicale encore, Jacques Généreux (2010) signale que le vrai malheur des sociétés démocratiques n'est pas le prétendu recul de l'Etat mais sa privatisation, son engagement au service d'intérêts particuliers ; le défi contemporain des démocraties n'est pas, selon l'économiste, de remettre l'économie sous le contrôle du politique, car elle ne l'a jamais autant été et rarement au service d'un projet aussi anti-démocratique. Le seul vrai défi est de remettre les Etats sous le contrôle effectif des citoyens et au service du bien commun (Généreux, 2006, 2010, 2016). Il est vrai que la corruption des « élites » et la captation des ressources par des intérêts privés, le plus souvent mafieux, est aujourd'hui un phénomène universel (Corm, 2010 ; Scarpinato, 2011 ; Scarpinato et Lodato, 2012).

De plus, par une ultime ruse de l'idéologie néo-libérale, l'économie est naturalisée, c'est-à-dire présentée comme un fait de nature, comme une loi de la nature, incontournable, à l'encontre de laquelle il n'y aurait pas d'alternative (selon le slogan des années 1980 employé par Margaret Thatcher, alors Premier Ministre du Royaume-Uni, « there is no alternative », TINA). L'ordre néolibéral est alors imposé comme l'horizon indépassable des sociétés humaines (Delaunay, 1999 ; Ziegler, 2003, 2005). Or, la concurrence généralisée entre individus, entre pays, cette guerre de tous contre tous, la prédominance de la technologie finissent par rendre superflues, et sacrifier, des populations entières ; le néolibéralisme, concept et théorie dont Barbara Stiegler analyse la genèse de façon magistralement limpide et documentée, et dont elle explique qu'il ne se réduit pas à une doctrine économique, ni à un rétrécissement du politique aux limites des logiques économiques de la marchandisation (Stiegler, 2020), apparaît dès lors comme un nouveau totalitarisme (Péruisset-Fache, 2019).

Néanmoins, la place prise par l'économie dans la vie des humains aujourd'hui est une place usurpée pour des raisons très simples : l'économie, contrairement à ce que les maîtres du monde veulent nous faire croire n'est pas, malgré son recours aux mathématiques, une science exacte. Le regretté Bernard Maris (2003, 2005) le montre : il n'y a pas de lois économiques ; l'économie formalise un discours logique qui peut recouvrir un délire total ; les économistes empruntent leur raisonnement à la physique newtonienne, sans tenir compte de l'entropie, c'est-à-dire de la dégradation due à la flèche du temps. Ils font comme si le temps était réversible alors que les êtres humains vivent le contraire dans leur chair, comme si les ressources naturelles étaient indéfiniment renouvelables alors qu'en réalité elles s'épuisent.

Cette économie génère impitoyablement la déshumanisation des êtres humains (Péruisset-Fache, 2020) ; par exemple, elle phagocyte ce qui reste d'intrinsèquement humain dans l'homme, en utilisant les sentiments les plus profonds comme auxiliaires de la circulation des marchandises, par le biais des annonces publicitaires. Avec le capitalisme débridé, la société tout entière devient un appendice du système économique, uniquement orienté vers l'intérêt personnel, alors que les Grecs appelaient *oeconomia* l'administration domestique qui consistait à produire pour son propre compte (Polanyi, 1972). L'évolution du concept « économie » interroge donc plus que jamais la place de l'homme au monde, et partant, la place de l'enfant dans la société.

1.3. Place de l'enfant dans la société

L'enfance, quelle que soit sa définition, ne saurait être un monde à part ; les enfants font partie d'une société gouvernée par des adultes qui devraient les protéger, les instruire, les aimer, les guider, les faire grandir en humanité et, pourquoi pas, en sagesse dans l'optique d'un monde meilleur... A l'échelle humaine, cet âge se caractérise d'abord par sa brièveté. Les enfants sont les adultes de demain, et leurs débuts dans la vie les auront marqués à tout jamais, d'où l'immémoriale nécessité de l'éducation. Les valeurs qu'ils auront vues à l'œuvre les auront formés, conditionnés, formatés même peut-être. Or en matière d'éducation, il ne s'agit de rien de moins que sortir les enfants petit à petit de l'état d'enfance et les amener progressivement vers la responsabilité adulte, vers l'esprit critique, et non de les conduire à s'adapter docilement à un monde choisi et modelé par d'autres, quelle qu'en soit la nocivité.

Nous avons vu par ailleurs que les valeurs qui ont cours de nos jours, celles que les jeunes ont quotidiennement sous les yeux du fait des médias, sont délétères, et se situent diamétralement à l'opposé des valeurs humanistes de respect de la vie, d'honnêteté, d'altruisme, diamétralement à l'opposé aussi de la devise républicaine de la France, Liberté, Egalité, Fraternité, si malmenée depuis qu'elle existe. Les valeurs qui prédominent dans la société occidentale et contaminent les autres sociétés, à savoir l'égoïsme, la cupidité, le narcissisme, le cynisme, la malhonnêteté, concernent en effet l'avoir et le paraître, et non l'être (Péruisset-Fache, 2015). Les enfants ne sont pas à l'abri de ces modèles viciés partout érigés en exemples à suivre. On reste perplexe et pensif au souvenir de Socrate condamné à mort en 399 av. J.-C., parce qu'accusé de corrompre la jeunesse.

Les enfants d'aujourd'hui devraient pouvoir bénéficier des leçons de l'histoire et de tout ce que l'humanité a apporté de meilleur au monde. Ainsi que le montre Tomasello (2001), les enfants apprennent ce à quoi ils sont exposés et les diverses cultures les exposent à diverses expériences. La vision optimiste de Tomasello laisserait à penser que les enfants se développent au milieu des meilleurs outils et symboles que leurs ancêtres aient inventés pour négocier les rigueurs de leur univers physique et mental. L'évolution culturelle, cumulative, garantit que l'ontogenèse cognitive des humains se déroule dans un environnement d'artefacts et de pratiques sociales toujours nouveaux qui, à un moment donné, représentent quelque chose qui ressemble à l'ensemble de la sagesse collective de l'ensemble du groupe social d'un bout à l'autre de l'ensemble de l'histoire culturelle (Tomasello, 2001).

En théorie, cet idéal est accessible, mais c'est sans compter avec les manipulations dont les enfants ont toujours fait l'objet, aujourd'hui plus que jamais, eu égard aux technologies dont ils sont friands. Il s'agirait pourtant, grâce aux enfants d'aujourd'hui devenus les adultes de demain, de construire un monde meilleur, un monde encore vivable, un monde où l'Etat de droit puisse prédominer l'état de fait, car l'instrument qui permet aux hommes de tous pays et de toutes confessions de bâtir ensemble un ordre juste et de tirer les leçons de l'expérience de la barbarie, c'est le Droit (Supiot, 2010). Or l'Etat de droit voit son périmètre rétrécir et nous assistons même à l'effondrement criminel d'une partie de la planète ce qui conduit certains auteurs à décrire notre temps comme l'ère du chaos. Gayraud et Thual (2012) estiment par exemple que la mondialisation a connu jusqu'à présent deux réussites : la constitution de nouvelles élites mondialisées ayant souvent accumulé leur nouvelle fortune par la prédation, ainsi que l'internationalisation et la prolifération du crime organisé, ainsi qu'en fait état le juge anti mafia Roberto Scarpinato (2011 ; Scarpinato et Lodato, 2012).

Ces jeunes devenus adultes feront l'histoire et, comme il en fut pour leurs prédécesseurs, de même, l'histoire les emportera, selon la formule de Fernand Braudel, cité par René Passet (2000). Il convient alors de se poser quelques questions au fur et à mesure que l'histoire avance : par exemple, qui produit ? Ou encore, qui consomme ? Mais encore qui consomme quoi ? Et, sachant que pratiquement sans exception les rapports humains sont aussi des rapports économiques, nous devrons nous poser la question de savoir quel a été, quel est, le rôle des enfants dans la production, mais aussi dans la consommation, car de tout temps, ils ont été partie prenante du système économique de leur société.

Chapitre 2.
Le rôle des enfants dans la production économique

Si l'enfant est d'emblée un acteur dans le processus économique, dont le processus de consommation aussi limité soit-il dans le passé (puisque l'être humain doit être vêtu, nourri, éduqué, et que cette nécessité a un coût), il est avant tout, dès les époques reculées, un acteur dans le processus de production et en particulier il participe régulièrement aux travaux de la famille dans une société longtemps restée agricole et artisanale. Il s'agit dans bien des cas d'une question de survie ; le travail de l'enfant est alors totalement accepté socialement, voire requis, dans les sociétés du passé, comme il l'est resté dans les sociétés demeurées au moins en partie traditionnelles, ou du moins peu développées, comme il en existe encore dans des contrées reculées de la planète. Personne n'y trouve quoi que ce soit à redire. Sandrine Vincent (2001) souligne que, longtemps considéré comme un adulte miniature, l'enfant fait partie très tôt du monde des adultes dont il partage les activités de production et les difficultés de la vie quotidienne.

Dans ce chapitre, nous allons donc essayer de comprendre l'implication de l'enfant dans l'économie des sociétés traditionnelles et de déceler le passage de son exploitation sociale à son exploitation industrielle, condition sur laquelle nous nous attarderons, car, dans l'histoire humaine, cette exploitation fait figure d'emblématique et scandaleux sacrifice humain (Péruisset-Fache, 2019).

2.1. L'enfant dans les sociétés traditionnelles

Les chercheurs notent que dans les sociétés dites simples, les enfants participent plus tôt et pour un plus grand nombre de tâches à des activités utiles à la communauté, telles que : aller chercher du bois ou de l'eau, prendre en charge les enfants plus jeunes. L'importance de ces activités, elles-mêmes liées à la quantité de travail effectué par les femmes, induirait chez les enfants plus de responsabilité et de coopération. Il est important de noter qu'à l'inverse, dans les sociétés complexes et hiérarchisées, les enfants seraient orientés vers plus de compétition en vue de la « réussite sociale » (Bril et Lehalle, 1988). Mais ce dernier cas de figure ne serait-il pas construit, implicitement, conformément à la logique néolibérale qui a de nos jours imprégné l'art de vivre de presque tous les humains ?

Tout se passe comme si, dans les sociétés traditionnelles (dont la nôtre n'a commencé à émerger qu'au XVIIIe siècle, voire au XIXe), l'enfant était associé de bonne heure aux travaux quotidiens indispensables à la survie du groupe, ce qui explique en partie la moindre scolarisation des filles restée la norme dans les pays pauvres. Longtemps, en Occident, les enfants aident à la subsistance du groupe en participant aux travaux des champs, garde des bestiaux, moissons, d'où l'institution des vacances scolaires d'été de juillet à octobre pendant la Première Guerre mondiale, alors que les hommes sont au combat et qu'il faut les remplacer à la ferme (Testu et Fontaine, 2001). Rappelons à cet égard que la population française, vers 1880 (à l'époque des lois scolaires dites lois Jules Ferry) comporte encore une proportion de 80 % d'agriculteurs (Roussel, 2001). Au recensement de 1846, les ruraux forment de fait plus de 75 % de la population française ; au recensement de 1866, les paysans constituent 69,5 % de la population et produisent près de la moitié du revenu national, contre 30 % à l'industrie ; ils sont encore 56 % en 1911 (Goubert, 1984). Aujourd'hui encore, en

France, un tracteur se conduit sans permis, dès l'âge de 16 ans, ce qui induit la participation des jeunes aux travaux des champs.

Cette participation des enfants aux travaux agricoles perdure dans les sociétés restées traditionnelles, comme la République du Cap-Vert par exemple (D'Hombres et Pons, 2015), où les vaches sont encore données à garder aux enfants qui les mènent paître ici et là (photo de couverture, île de Santo Antão, République du Cap-Vert, février 2016).

Dans les années 1990, il apparaît que 140 millions d'enfants dans le monde sont privés de toute scolarité, même à temps partiel, et que les deux-tiers de ces enfants sont des filles (Brisset, 1997). On sait qu'en Chine des fillettes travaillent jusqu'à 70 heures par semaine dans l'industrie (Maris, 2003). D'autres sources, telles celles du Bureau de statistique du Bureau international du travail indiquent en 1996 que si, dans les pays en développement, il y a alors au moins 120 millions d'enfants de cinq à quatorze ans astreints au travail – dont 40 % des enfants de cet âge en Afrique – ils sont en réalité deux fois plus nombreux (environ 250 millions) si l'on inclut ceux pour qui le travail est une activité secondaire, phénomène qui n'est pas absent des pays industrialisés (Becchi et Julia, 1998 ; Dixon, 2003), et que nous avons signalé par ailleurs (Péruisset-Fache, 2019).

Le travail des enfants permet, dans certains pays, aujourd'hui comme aux plus noires heures de la Révolution industrielle, de faire baisser les salaires et de remplacer les adultes. Susan George fait ainsi observer qu'en Inde, à la toute fin du XXe siècle, le nombre des enfants qui travaillent et celui des chômeurs adultes sont à peu près équivalents (George, 2000). Mais le travail des enfants existe aussi en Europe, il est même devenu au début des années 2000 une norme acceptable en Grande-Bretagne (Dixon, 2003). Il s'agit dans tous ces cas de figure, bien sûr, des enfants des classes dites défavorisées des sociétés inégalitaires qui sont les nôtres.

Nous avons aussi fait remarquer par ailleurs que même l'apprentissage du langage par les enfants de certaines ethnies dénote la moindre importance de l'individu par rapport au groupe, d'où l'implication des enfants dans les tâches de survie. Des analyses minutieuses ont établi en effet que certains groupes sociaux ont ritualisé l'apprentissage de la parole par les enfants avec l'objectif principal de les intégrer à un groupe social très fortement organisé et structuré. L'enfant doit avant tout y connaître sa place et savoir y jouer son rôle, alors que dans d'autres cultures, dont la nôtre, les mères favorisent les relations affectives et les performances individuelles de l'enfant. Chez les Kwara'æ des îles Salomon, par exemple, les mères ne parlent pas directement à leurs nourrissons ; un comportement fréquent consiste à parler de lui ou pour lui, en le tournant vers la personne à qui l'on s'adresse. L'objectif de l'éducation au sein de ces civilisations est d'intégrer le plut tôt et le mieux possible l'enfant dans la communauté sociale plutôt que d'en faire un locuteur précoce. Chez les Kaluli de Nouvelle-Guinée, les adultes parlent rarement aux nourrissons et les regardent peu en face ; les bébés ne sont pas censés comprendre (de Boysson-Bardies, 1996).

Pendant des millénaires, à l'exception des classes privilégiées – à cet égard, J.J.H. Decker fait observer qu'en France, l'éducation très soignée du Dauphin, fils d'Henri IV, qui règnera sous le nom de Louis XIII, est très précisément et très minutieusement documentée grâce au *Journal sur l'enfance et la jeunesse de Louis XIII*, tenu par son médecin, Jean Héroard (Ariès, 1975 ; Becchi et Julia, 1998) – les enfants n'ont reçu pour toute éducation que la possibilité d'observer autour d'eux et de répéter les gestes perçus, ceux des adultes occupés aux tâches indispensables à la survie du groupe ; le « ouï-dire et le voir-faire » triomphent dans les civilisations de l'oral, avant que lecture et écriture ne se développent (Normand, 2020). Philippe Ariès (1975) souligne que d'une manière générale, la transmission d'une génération à l'autre était assurée par la participation familière des enfants à la vie adulte. Les enfants passaient donc de l'impuissance infantile aux responsabilités adultes dès qu'ils en étaient capables.

Pour les garçons, aux époques les plus reculées, il s'agissait notamment de se consacrer à la chasse et à la guerre (Guilaine et Zammit, 2001), éducation qui se poursuit dans l'Antiquité, grecque notamment, et perdure en se cantonnant à partir du Moyen-Âge aux classes privilégiées. Ainsi, E Becchi note qu'à Sparte, dans son « *agôgè* » ou parcours éducatif (modèle qui durera du VIIIe siècle av. J.-C. jusqu'à l'ère chrétienne), le garçon est initié à la chasse, la compétition sportive, la lutte ; la formation au rôle de guerrier, objectif de cette *agôgè*, se fait dans un climat de violence réglée où les rixes, les coups et les épreuves de résistance sont fréquents. Becchi signale aussi que dans *La République*, ainsi que dans *Les Lois*, Platon promeut un enseignement pratiqué dans la sévérité ; la méthode d'acculturation s'y inspire de celle de l'école de l'ancienne Athènes et du « troupeau » spartiate, toute entière tournée vers l'imitation de modèles, avec des exercices de chasse et de guerre qui relient la formation de l'enfant platonicien à des paradigmes encore plus archaïques. Il ne faut pas oublier que si, à la chasse, l'homme se comporte à la manière des animaux prédateurs, il se différencie de ceux-ci par l'art cynégétique, une *technè* qui se rattache à l'art de la guerre et, plus généralement à l'art politique (Descola, 2005).

J.-P. Néraudau indique qu'à Rome, les enfants de patriciens reçoivent une éducation soignée : le garçon parce qu'il assure la survie du culte familial, et la fille parce qu'elle permet des alliances politiques ou économiques. Les enfants des classes inférieures et les jeunes esclaves, quant à eux, sont mis très tôt au travail (Becchi et Julia, 1998).

A l'époque chrétienne et au Moyen-Age jusqu'à la fin de l'Ancien Régime, l'âge de sept ans continue de marquer la limite de l'enfance, mais aussi, pour la majorité des enfants, l'entrée dans le monde du travail et la participation à la production attestée par de nombreux documents et par l'iconographie, ainsi que le fait observer Egle Becchi (Becchi et Julia, 1998). A la fin du XIVe siècle, surtout dans les villes, et pour les enfants de familles indigentes et les orphelins, le travail chez les artisans (à sept ans pour les garçons, six ans pour les filles) est désormais réglementé par un contrat d'apprentissage, qui vaut ce qu'il vaut.

La participation des enfants à la production relève alors souvent de l'esclavage à proprement parler. A partir de l'époque carolingienne, en effet, les chercheurs parlent d'une véritable « route des esclaves », en provenance des pays slaves le plus souvent, qui passe par l'Allemagne et la France pour rejoindre l'Espagne musulmane où enfants abandonnés ou orphelins, enfants vendus par leurs parents ou volés, sont mis sur le marché. Cet état de choses dure longtemps puisqu'à Venise au XVe siècle, des documents attestent la présence d'enfants esclaves à partir de cinq ou six ans (Becchi et Julia, 1998).

Selon Michael Goodich (Becchi et Julia, 1998), au Moyen-Age, dans les familles nobles, on continue de constater l'utilisation stratégique des enfants à des fins politiques, dynastiques ou économiques, alors due à l'idéologie nobiliaire du sacrifice de l'intérêt individuel à l'intérêt familial. Par exemple les filles n'y existent qu'à proportion de leur valeur financière sur le marché matrimonial.

A la Renaissance, les enfants des classes laborieuses continuent de partager les fatigues et les travaux des adultes. Dès la fin du XVe siècle, la famille est considérée comme une entreprise au développement de laquelle l'enfant doit être préparé. L'enfant représente alors un investissement économique par sa contribution au travail familial. E. Becchi observe qu'à cette date, en Italie, on voit croître l'importance du travail individuel ou en petits groupes, ainsi que l'accumulation et l'échange des biens économiques nés de ce travail. L'enfant devient alors un sujet, un être sur lequel on peut investir parce que, par lui, la famille peut espérer obtenir une place plus sûre dans l'édification d'une société de citoyens et de marchands, visée première de l'humanisme italien, mais aussi de l'économie capitaliste qui ne se connaît pas encore en tant que telle. Le travail n'est plus, à ce moment-là, la prestation obligée due au seigneur, mais un travail plus libre et libérateur (Becchi et Julia, 1998).

A la campagne, l'aide des enfants au travail de la ferme familiale, quotidiennement pour la garde et l'entretien des troupeaux, et l'été pour l'engrangement des récoltes apparaît, selon Serge Chassagne (Becchi et Julia, 1998), comme un exemple d'« histoire immobile », car elle dure jusqu'à nos jours (d'où l'invention des vacances scolaires d'été, cela a été dit plus haut). Carlo A. Corsini (Becchi et Julia, 1998) explique que dans la famille paysanne, en particulier la famille de fermier, qui produisait sa propre nourriture et qui, en règle générale, fabriquait elle-même les équipements dont elle avait besoin, y compris ses vêtements, le père devait pouvoir compter sur le travail des autres membres de la famille ; femme, filles et pas seulement les garçons devaient nécessairement assurer une part significative des tâches. Serge Chassagne souligne que l'Europe des trois derniers siècles a connu par millions des « pères patrons » anonymes, contraints d'employer leur progéniture, ou celle des autres, à une incertaine subsistance familiale. Il précise que jusqu'au XIXe siècle, de nombreux enfants s'enrôlaient dans les grandes exploitations de la Beauce, en France, et de l'East Anglia en Angleterre (Becchi et Julia, 1998). Il s'agissait d'un fait social banal : le placement d'enfants d'une dizaine d'années, de l'un et l'autre sexe, comme domestiques, valets ou apprentis, auprès d'autres adultes que leurs parents biologiques, était une pratique courante à l'époque médiévale. Existait aussi le « contrat d'apprentissage » qui soulignait la complète dépendance de l'apprenti, juridiquement mineur quel que soit son âge. S. Chassagne explique que quel que soit leur sexe, les apprentis et *a fortiori* les « alloués » (salariés à vie, à qui était interdit d'accéder au grade de compagnon puis de maître) constituaient une force de travail supplétive et gratuite, docile aux ordres du maître et sujette aux railleries et aux brimades des compagnons de l'atelier. L'auteur souligne que parmi les apprentis, dans la Marine, la condition de mousse était certainement l'une des plus éprouvantes et des plus dangereuses, mais certains s'en sortaient bien. L'auteur cite l'exemple du Dieppois Abraham Duquesne (1610-1688), qui reçoit son premier commandement à l'âge de 13 ans et devient un des grands officiers de la marine de guerre du XVIIe siècle (Becchi et Julia, 1998). La valeur n'attend point le nombre des années.

Des catégories d'enfants-travailleurs sont particulièrement connues pour avoir été exploitées dans plusieurs pays d'Europe, Allemagne, France, Angleterre : les petits ramoneurs, par exemple, qui en France sont alors souvent de petits Savoyards. Ce sont de très jeunes enfants (six ou sept ans), embauchés verbalement comme aides ; ils sont recrutés pour se faufiler à l'intérieur des conduits de cheminée. Ces petits doivent mendier leur gîte et leur couvert. En 1778, en Angleterre, le Parlement vote une loi qui limite à huit ans l'âge de leur embauche, mais elle n'est pas appliquée. En 1866, ainsi que le signale S. Chassagne, la Commission royale sur le travail des enfants y estime à 2 000 le nombre des enfants ramoneurs de 5 à 10 ans. En France, un abbé dénonce l'exploitation de ces enfants et obtient du préfet de la Savoie un règlement qui impose un contrat d'apprentissage et exclut formellement les filles de ce travail, ce qui suggère qu'elles n'en étaient pas absentes (Becchi et Julia, 1998).

Or on sait aujourd'hui que les petits ramoneurs étaient victimes de maladies graves, mortelles même, en raison de leur contact continuel avec les goudrons de la combustion du bois et du charbon. A la fin du XVIIIe siècle, en 1775, un chirurgien anglais, sir Percivall Pott (1714-1788), observe l'incidence élevée des cancers du scrotum chez les petits ramoneurs et fait le lien avec la suie des cheminées qui maculait leur corps, mécanisme confirmé et compris un siècle et demi plus tard, quand on a montré la présence, dans la suie, de goudrons cancérogènes (Tubiana, 1995 ; Cunningham, 2006). Les cheminées que ces enfants devaient escalader par l'intérieur, étaient non seulement effrayantes à cause de l'obscurité qui y régnait, mais encore extrêmement étroites ainsi qu'en font état leurs dimensions : il n'était pas rare qu'elles mesurent 23 x 23 cm (Cunningham, 2006). Cunningham cite le cas d'un enfant de 11 ans, George Brewster, mort de suffocation en ramonant un conduit de fumées ; il ne fut certainement pas le seul.

Au terme de cette rapide revue du travail des enfants dans le passé, on voit que si l'intégration au groupe implique, de la part des enfants, un bénévolat qui s'ignore dans certaines tâches utiles, voire indispensables, à l'ensemble de la communauté, pour toutes les sociétés traditionnelles, y compris historiquement la nôtre, le passage d'une société traditionnelle au système industriel capitaliste engendre une aggravation des conditions de vie et de santé des enfants du peuple, qui sont alors sujets à une exploitation intermédiaire, ainsi que nous allons le voir, sous prétexte de bienfaisance (il ne faut pas les laisser oisifs), quelques années avant que n'ait cours une exploitation systématique dans des conditions inhumaines, pour le plus grand profit des industriels.

2.2. De l'exploitation sociale à l'exploitation industrielle

Que la société capitaliste ait largement profité du travail des enfants, notamment à partir de la révolution industrielle, n'est pas une découverte. Toutes sortes de travaux scientifiques et d'œuvres littéraires, de la Grande-Bretagne à l'Afrique du sud, de la Russie aux Etats-Unis, en passant par la France, de Charles Dickens (1812-1870) à Emile Zola (1840-1902), de Maxime Gorki (1868-1936) à Alan Paton (1903-1988) ou Toni Morrison (1931-2019), l'illustrent et nous l'enseignent.

Jean Baudrillard nous rappelle que le système capitaliste n'a cessé de faire travailler d'abord les femmes et les enfants dans les limites du possible, et ce n'est qu'absolument contraint qu'il découvre les grands principes humanitaires et démocratiques (Baudrillard, 1972), principes qui ne sont toutefois pas unanimement respectés, même de nos jours. Par exemple, entre 1975 et 1986, en Grande-Bretagne, 172 enfants de moins de 16 ans sont morts en travaillant dans des fermes, au mépris des normes d'hygiène et de sécurité (Becchi et Julia, 1998).

Si les femmes du peuple ont, elles aussi, toujours travaillé, dans le cadre des travaux domestiques au sens large (comme dans l'exemple de l'*oikos* vu plus haut, d'où la domesticité n'est néanmoins pas absente), il advient qu'à ce travail non rémunéré, bien avant la Révolution industrielle, elles aient à ajouter un emploi qui augmentât si peu que ce soit les ressources de leur ménage, pour le plus grand bénéfice de leurs employeurs, avec les répercussions les plus tragiques sur leurs enfants.

Un des premiers métiers dévolus aux femmes pauvres, celui de nourrice, impliquait qu'elles mettent d'abord au monde leur propre enfant, quelquefois hors mariage et très jeunes, volontairement, afin de pouvoir gagner de quoi survivre en allaitant les enfants des autres et en s'occupant d'eux. Par ailleurs, les historiens et les sociologues ont pu établir les conséquences dramatiques de la mise en nourrice des enfants, sur leur santé, voire leur vie. Nous avons là à faire avec une des premières occurrences de l'enfant à peine arrivé au monde placé sous l'emprise de l'économie.

Le démographe Carlo A. Corsini (Becchi et Julia, 1998) souligne que l'histoire de l'enfance ne fait qu'un avec l'histoire de la femme et surtout de la mère. Le refus de l'allaitement, très partagé dans les classes supérieures, sous tous les prétextes possibles et imaginables (Badinter, 1980), entraîne la mise en nourrice de l'enfant dans des conditions d'hygiène et d'élevage très précaires, avec pour conséquence le taux élevé de mortalité de ces petits. La mode de se débarrasser des nouveau-nés de cette manière descend vite l'échelle sociale et les femmes de la petite bourgeoisie emboitent le pas des femmes de la noblesse, par émulation et souci de distinction, tandis que les femmes de commerçants se libèrent d'un fardeau pour en assumer un autre. Il est noté que l'aggravation de la tendance à l'abandon des enfants commence dans la France urbaine du XVIIe siècle et se généralise au XVIIIe (Badinter, 1980).

Seules les paysannes continuent d'allaiter leurs enfants. Une étude, concernant les enfants de Rouen entre 1777 et 1789, et qui n'est qu'un exemple parmi d'autres, établit que la mortalité des enfants mis en nourrice par leurs parents, assistés par l'Hôpital Général, est de 38,1 % – on lit bien « pour cent » – (Badinter, 1980). Pour E. Badinter, le « nourrissage » représente objectivement un infanticide déguisé. Mais il ne correspond pas seulement à un effet de mode qui aurait été lancé par les classes supérieures et suivi par le reste de la société.

Après la Révolution industrielle, la mise en nourrice des enfants est la condition *sine qua non* grâce à laquelle les femmes nécessiteuses et, aujourd'hui, après les ouvrières, toutes les femmes vont pouvoir être happées par le travail à l'extérieur de la maison. En effet, ainsi que le souligne D. Fougeyrolles-Schwebel, les difficultés qui apparaissaient dans les années 1960 comme celles de la seule classe ouvrière, relativement au cumul des tâches ménagères et salariées, se sont d'une certaine manière généralisées pour une part de plus en plus grande de femmes qui mènent de front activités professionnelles et domestiques ; on a pu dire que l'existence même de recherches sur le travail domestique témoignait de la nécessité pour les nouvelles générations intellectuelles d'exécuter directement la part du travail domestique antérieurement prise en charge par les personnels domestiques (Hirata et Senotier, 1996).

En ce qui concerne la mise en nourrice au sens propre, le démographe Carlo A. Corsini (Becchi et Julia, 1998), à qui nous empruntons l'analyse qui suit, note que l'obligation de disposer de temps pour l'allaitement réduisait de beaucoup la disponibilité de la femme pour des travaux rémunérateurs, alors que d'une part, l'industrie recherchait la main-d'œuvre féminine parce qu'elle coûtait moins cher et d'autre part, les familles étaient favorables au travail de la femme parce que ses gains, même inférieurs à ceux de l'homme, augmentaient le revenu familial.

La mise en nourrice des enfants chez des femmes dont le salaire était moindre, mais aussi le fait que les familles pauvres avançaient le moment du sevrage des enfants dans de mauvaises conditions, avaient pour conséquence un taux élevé de mortalité infantile. Parallèlement à la tendance des femmes à travailler à l'extérieur, on assistait évidemment à un renforcement de l'offre de nourrices mercenaires et à celui de la mortalité infantile, par manque de soins adéquats. Le travail des femmes avait une autre incidence sur leurs enfants : la sous-alimentation et les durs travaux des femmes enceintes entraînaient la naissance d'enfants plus fragiles. Quant aux enfants trouvés, ils étaient un bien interchangeable entre ceux qui les abandonnaient parce qu'ils ne pouvaient les nourrir et ceux qui les prenaient en charge contre un salaire payé par l'hospice, moyen pour eux d'améliorer l'ordinaire (Becchi et Julia, 1998).

Pour les enfants plus âgés, le passage de l'apprentissage à l'exploitation industrielle s'est fait progressivement sur le modèle des institutions dites charitables, civiles ou cléricales, destinées à moraliser les enfants démunis de familles capables de les placer chez des maîtres, et à ne les laisser sortir qu'à condition qu'ils puissent subvenir à leurs besoins par des moyens honnêtes. Serge Chassagne souligne que derrière la clôture de ces refuges, une force de travail disciplinée se forme que les marchands-fabricants savent utilement employer. Nous avons alors à faire à des couvents-usines ou usines-pensionnats, système mis en place dès la Contre-Réforme, où le travail quotidien, essentiellement textile, dure de nombreuses heures d'affilée, comme il le restera pendant la Révolution industrielle (Becchi et Julia, 1998).

2.3. Les enfants de la Révolution industrielle

Nous avons fait état par ailleurs (Péruisset-Fache, 2019) des conditions d'exploitation bien connues, mais qu'il convient de rappeler sans cesse, de la classe ouvrière, d'abord en Angleterre (Thompson, 2012), puis dans le reste de l'Europe et du monde, à partir de la Révolution industrielle datée des années 1760 pour ce qui est de son pays d'origine, l'Angleterre (Verley, 1997 ; Thompson, 2012 ; Malm, 2017), plus tardive pour la France qui commença à vraiment s'industrialiser sous le Second Empire, soit entre 1855 et 1870 (Goubert, 1984).

La Révolution industrielle, contrairement à l'idée qu'on s'en fait habituellement, ne consista pas seulement en l'application de nouvelles techniques, il faut bien voir qu'elle reposa aussi sur le lancement de nouveaux produits dont le succès s'appuyait sur un changement de comportement du consommateur, notamment en ce qui concerne le vêtement qui servait de signe de reconnaissance sociale, ainsi que le note Patrick Verley (1997). En Angleterre, l'amélioration des transports et l'unification des goûts conditionnèrent la constitution d'un marché de masse, qui stimula la production au moment où la croissance démographique amenait de nombreux jeunes sur le marché du travail (Verley, 1997). Il faut bien voir en effet que sous l'appellation « classe ouvrière », nous devons inclure les enfants de ces familles, employés à partir d'un âge très jeune, inimaginable pour les Européens du XXIe siècle.

Les travailleurs exploités, dont beaucoup étaient des femmes et des enfants, étaient issus de nombreux lieux et groupes sociaux différents, depuis les fermiers chassés de la campagne par les *enclosures* jusqu'aux petits artisans évincés de leur travail par les marchands. La plupart des travailleurs étaient désespérés. Selon Engels et d'autres observateurs, la loi et les conditions de vie réelles des ouvriers faisaient des prolétaires de véritables esclaves de la classe possédante, les employeurs ayant en plus la possibilité de renvoyer les travailleurs, ce qui était exclu dans le cadre de l'esclavage (Sassen, 2009).

Bien que les ouvriers anglais fussent « libres », au sens où ils n'étaient ni esclaves ni asservis, Saskia Sassen (2009) observe que la mise en place d'un appareil formel destiné à les contrôler et la possibilité pour les employeurs d'exercer sur eux un pouvoir direct rendent la vision des choses beaucoup plus problématique. Les lieux de travail étaient insalubres et dangereux, les tâches harassantes et les horaires excessivement lourds. Les filatures, par exemple, installées en général dans des bâtiments en briques de quatre étages, employaient des centaines d'ouvriers et d'ouvrières, et elles étaient surveillées comme des prisons (Sassen, 2009). En 1821, à Manchester, 11 filatures possèdent plus de sept étages. L'usine d'Owen à New Lanark, près de Glasgow, compte 1 700 ouvriers en 1816 (Jarrige et Le Roux, 2017). Les années 1760-1820, en Angleterre, sont celles où, dans les industries du coton et dans beaucoup de régions minières, on embauche de nombreux enfants, parfois dès l'âge de 4 ans, pour des journées de travail de 14 à 16 heures, six jours par semaine (Généreux, 2016), où des femmes travaillent non seulement dans les conditions malsaines de l'industrie textile, mais, pire encore, dans les mines.

Les nouvelles fabriques de coton ont très mauvaise réputation. Ce sont des centres d'exploitation dans lesquels des enfants sont enfermés, des centres d'immoralité et de conflits du travail, dénoncés en vain par les journaux anglais dès 1802. Un ouvrier cotonnier, témoin du processus d'exploitation, le décrit en 1818, tel qu'il l'a vécu dès le plus jeune âge : entraînés depuis l'âge de six ans, les ouvriers travaillent de cinq heures du matin à huit ou neuf heures du soir ; à peine ont-ils le temps d'avaler un maigre et mauvais repas. Il souligne l'épuisement et la malnutrition de ces malheureux. Ce témoin commente : « *L'esclave noir des Antilles qui travaille sous un soleil brûlant a sans doute de temps à autre, une légère brise pour le rafraîchir, il a un lopin de terre et on lui laisse le temps de le cultiver. L'esclave fileur anglais ne jouit ni du plein air ni des brises du ciel. Enfermé dans des usines de huit étages, il ne peut prendre de repos avant que l'énorme machine ne s'arrête* » (Thompson, 2012).

Certains Anglais avaient beau s'émouvoir de la situation des très jeunes ouvriers, la Loi sur les Pauvres (Poor Law) contraignait les enfants à être occupés, notamment dans les filatures de coton du nord du pays, pour la plus grande satisfaction des employeurs. Ils y travaillaient 14 à 15 heures par jour, avec une coupure d'une demi-heure pour prendre un repas, ainsi qu'en témoigne un garçon de 17 ans devant une commission d'enquête parlementaire en 1831-1832. Ce jeune témoin fait également état de sévices infligés aux enfants, coups de poing, de pied, coups de fouet avec une sangle de cuir, administrés par un surveillant pour les contraindre au travail. Des lois furent votées périodiquement par le Parlement pour mettre fin à ces abus (en 1802, 1819, 1825 et 1829), mais rien n'était fait pour en garantir l'application (Cunningham, 2006). La loi sur les fabriques (Factory Act), de 1833, interdisait d'employer des enfants de moins de 9 ans et limitait la journée de travail à 8 heures jusqu'à l'âge de 14 ans, journée à laquelle devaient s'ajouter des heures d'école ; mais seulement quatre inspecteurs pour toute l'Angleterre furent nommés afin de faire respecter cette loi (Cunningham, 2006).

En outre, au cours de la première moitié du XIXe siècle, les industriels encouragent plus particulièrement les innovations qui leur permettent de se passer des ouvriers d'âge adulte et de les remplacer par une main-d'œuvre féminine et enfantine. Afflux de main-d'œuvre féminine et enfantine non qualifiée, extension du nombre d'heures de travail par semaine et du travail le dimanche, écrasement des salaires, des tarifs de travail à la pièce et des prix de gros, se conjuguent alors pour le plus grand malheur des classes populaires et le plus grand bénéfice des possédants.

Les travaux du Dr Villermé (1782-1863) sur la condition des ouvriers du textile en France (1840) et sur celle des enfants des mines en Grande-Bretagne (1843), ou ceux d'Engels (1820-1895) sur la classe laborieuse en Angleterre (1845) témoignent des conditions inhumaines d'emploi des hommes, des femmes et des enfants, dans l'industrie de ces deux pays. En France, les travaux du Dr Villermé seront d'ailleurs à l'origine de la Loi de 1841 sur le travail des enfants qui limite à 8 ans leur admission dans les entreprises (de plus de 20 salariés), puis de celle de 1874 qui limite le travail des enfants et des filles mineures dans l'industrie avant 12 ans. Néanmoins, le Dr Villermé ne met pas en cause les facteurs environnementaux (les conditions sanitaires délétères dans lesquelles les familles ouvrières travaillent et vivent) dans l'étiologie des maladies des ouvriers, il les attribue aux conditions sociales, à la misère et l'immoralité supposée des classes populaires. Les ouvriers sont rendus responsables de leur misère et de leur mauvaise santé (Jarrige et Le Roux, 2017).

En Angleterre, Anthony Ashley-Cooper, Lord Shaftesbury (1801-1885), fut à l'origine du Coal Mines Act (Loi sur les

Mines de Charbon) de 1842, interdisant le travail dans les mines des garçons de moins de dix ans et celui des filles et des femmes (notamment pour des raisons de moralité publique). Jusqu'aux années 1840 en effet, de jeunes enfants, y compris des petites filles, attelés aux chariots des mines, tiraient des chargements de charbon le long de tunnels étroits depuis le lieu d'extraction jusqu'à la surface ; leur travail commençait souvent à 3 heures et demie ou 4 heures du matin et se terminait à 5 heures et demie du soir (Cunningham, 2006).

De fait, de 1830 à 1880, l'industrialisation s'effectue dans des conditions déplorables pour tous, adultes et enfants, répertoriées par les rapports de Villermé, Engels et Ashley : jusqu'à 17 heures de durée du travail chaque jour à quoi s'ajoute la durée des trajets entre le domicile et le lieu de travail (à pied le plus souvent), le travail des femmes et des enfants, la précarité des logements (« des caves et des greniers »), des conditions sanitaires innommables, alcoolisme, prostitution des très jeunes filles (le « cinquième quart de la journée », pour tenter de survivre), maladies et mortalité infantile élevée (Passet, 2000).

On se souviendra du poème *Melancholia* des *Contemplations* de Victor Hugo (1802-1885), paru en 1856, dans lequel l'écrivain dénonce les conditions de vie et de travail de ces malheureux :

Où vont tous ces enfants dont pas un seul ne rit ?
Ces doux êtres pensifs que la fièvre maigrit ?
Ces filles de huit ans qu'on voit cheminer seules ?
Ils s'en vont travailler quinze heures sous des meules ;
Ils vont, de l'aube au soir, faire éternellement
Dans la même prison le même mouvement.
Accroupis sous les dents d'une machine sombre,
Monstre hideux qui mâche on ne sait quoi dans l'ombre,
Innocents dans un bagne, anges dans un enfer,
Ils travaillent. Tout est d'airain, tout est de fer.

Jamais on ne s'arrête et jamais on ne joue.
Aussi quelle pâleur ! la cendre est sur leur joue.
Il fait à peine jour, ils sont déjà bien las.
Ils ne comprennent rien à leur destin, hélas !
Ils semblent dire à Dieu : « Petits comme nous sommes,
Notre Père, voyez ce que nous font les hommes ! »
Ô servitude infâme imposée à l'enfant !
Rachitisme ! travail dont le souffle étouffant
Défait ce qu'a fait Dieu ; qui tue, œuvre insensée,
La beauté sur les fronts, dans les cœurs la pensée,
Et qui ferait — c'est là son fruit le plus certain —
D'Apollon un bossu, de Voltaire un crétin !
Travail mauvais qui prend l'âge tendre en sa serre,
Qui produit la richesse en créant la misère,
Qui se sert d'un enfant ainsi que d'un outil !
Progrès dont on demande : « Où va-t-il ? Que veut-il ? »
Qui brise la jeunesse en fleur ! qui donne, en somme,
Une âme à la machine et la retire à l'homme !
Que ce travail, haï des mères, soit maudit !
Maudit comme le vice où l'on s'abâtardit,
Maudit comme l'opprobre et comme le blasphème !
Ô Dieu ! qu'il soit maudit au nom du travail même,
Au nom du vrai travail, sain, fécond, généreux,
Qui fait le peuple libre et qui rend l'homme heureux !

En Angleterre, en 1826, la population est très jeune : on compte 1120 enfants de moins de 14 ans pour 1000 adultes de 25 à 60 ans. Or la pauvreté sévit avec l'afflux de ruraux dans les villes, le développement du salariat et du chômage, et de nombreux enfants vivent dans la rue, livrés à eux-mêmes, et survivent grâce à la petite délinquance. Dans l'Angleterre du début du XXe siècle, les enfants forment encore une proportion exceptionnellement importante de la population ; cependant, comme les trois-quarts de cette population vivent en ville, que ce sont même 40 % des Anglais qui habitent dans des villes de plus de 100 000 habitants, cela rend difficile la gestion des enfants des classes populaires notamment avant 1870 et le développement de la scolarité pour tous, puis 1880 et l'obligation scolaire (quand on s'avisa que l'éducation des jeunes était un atout pour l'économie dans la compétition internationale), obligation qui n'empêche tout de même pas alors les enfants de travailler en dehors des heures d'école.

Une solution finit par être trouvée pour régler la question des enfants : entre 1868 et 1925, environ 80 000 enfants, filles et garçons, de moins de 14 ans, non accompagnés bien que seulement un tiers d'entre eux fussent orphelins, sont envoyés au Canada (qui leur était décrit comme le jardin d'Eden) en tant qu'ouvriers agricoles ou employés domestiques, alors qu'au Royaume-Uni, ils auraient été considérés comme trop jeunes pour quitter l'école et travailler à temps plein (Parr, 1980). L'émigration d'enfants vers l'empire (britannique) se poursuit jusqu'aux années 1960. En 1925, le Canada cesse de recevoir des enfants venus d'Angleterre, mais entre 1912 et 1967 l'envoi d'enfants continue vers la Rhodésie du Sud (Afrique) et l'Australie où 6000 enfants furent reçus dont 3000 à la demande des Australiens et non du fait de l'Angleterre, après la Seconde Guerre mondiale (Cunningham, 2006).

De telles méthodes d'envoi forcé furent aussi employées en France pour peupler les colonies, notamment au moyen de déportations de mendiants et de vagabonds (Zancarini-Fournel, 2016). Dès 1669, Colbert fait transporter au Canada des filles à marier, qui sont « énergiquement » retirées des hôpitaux généraux et aussi, par l'intermédiaire de l'archevêque de Rouen dont dépend le Québec, de jeunes villageoises normandes (« une ou deux par paroisse serait souhaitable »). Charbit (2006) précise : « *Pour favoriser la nuptialité et afin de compenser le surplus d'hommes, Colbert puise en 1669 dans le réservoir de l'Hôpital général pour y trouver des filles à marier, mais constate l'année suivante qu'elles n'étaient pas « assez robustes pour résister ni au climat, ni à la culture de la terre ». Il se tourne alors vers l'archevêque de Rouen (dont dépend le Québec) pour qu'il pousse les trente ou quarante curés des paroisses qui sont sous son autorité à trouver de « jeunes villageoises » à y envoyer : une ou deux par paroisse suffira, précise Colbert peu gourmand... »*

D'autres procédés de mise au travail des enfants sont utilisés outre-Atlantique par les employeurs de l'âge industriel : les Etats-Unis, en 1880, sont un monde où un million cent dix-huit mille enfants de moins de seize ans ont été mis au travail, soit un sur six (Zinn, 2002).

Marie-Anne Mingeot note qu'au début de la révolution industrielle, les conditions de travail éprouvantes imposées aux ouvrières et aux enfants, dont le développement physique et intellectuel était mis en danger, ont fait craindre pour la reproduction de l'espèce humaine. Ces inquiétudes ont été à l'origine des premières politiques de santé au travail qui ont conduit à l'interdiction progressive du travail des enfants et à l'éviction des femmes de plusieurs secteurs industriels, causes d'importantes discriminations. Un siècle plus tard, l'amélioration des conditions de travail pour les rendre compatibles avec la santé reproductive est une tâche qui est loin d'être terminée (Thébaud-Mony, 2015).

D'autres chercheurs soulignent, nouvelle illustration de l'exploitation éhontée de l'enfant, que par exemple aujourd'hui, au Bengladesh, bien que la loi l'interdise, les enfants sont présents en grand nombre (parfois dès l'âge de 8 ans) sur les chantiers de démantèlement des navires, où ils manipulent des substances toxiques (Thébaud-Mony, 2015). Ce n'est pas tout : en République démocratique du Congo, en 2020, des enfants travaillent clandestinement dans les mines de cobalt, « métal bleu » indispensable pour les technologies de pointe, les batteries de téléphones portables et de véhicules électriques. Certaines mines sont livrées à l'exploitation artisanale plus ou moins légale, où 200 000 « creuseurs » risquent leur vie avec des outils rudimentaires, et sans le moindre équipement de protection, exposés à des problèmes pulmonaires et des dermatites. Plusieurs milliers de jeunes enfants privés de scolarité travaillent sur ces sites, pour des salaires de misère, mais les grands groupes utilisateurs de cobalt (Apple, Daimler, Microsoft, Sony, Samsung, entre autres) démentent utiliser du cobalt extrait par des enfants (Belkaïd, 2020). Selon A. Belkaïd (2020), les uns sont assignés au transport de gravats, d'autres au tri et au lavage, certains sont même obligés de se faufiler à l'intérieur de galeries étroites (appelées « tunnels de la mort » sur place) pour extraire à mains nues les blocs de pierre bleuâtres. Les accidents sont fréquents, comme celui du 27 juin 2019 où plusieurs mineurs ont trouvé la mort (Belkaïd, 2020). De plus, les mines où travaillent ces enfants, au mépris des droits humains et de l'environnement, se situent dans des zones de conflit, ainsi que le souligne Sébastien Broca (Broca, 2020).

Ce panorama esquissé à grands traits montre comment les enfants des classes populaires ont été intégrés dans les différents systèmes économiques de leur société. Après la chute de l'Empire romain et les époques de stagnation économique, ils sont impliqués dans l'économie de subsistance et apportent leur concours à l'économie familiale, de façon parfois abusive (Cunningham, 2006) ou bien, s'ils sont sans famille, abandonnés ou orphelins, cas très fréquents, ils sont si possible récupérés sous couvert de philanthropie, en France par les couvents-ouvroirs, en Angleterre par les « workhouses » (à la fois hospices et maisons de correction), qui serviront de matrice aux futures fabriques de la Révolution industrielle, ou encore comme main d'œuvre servile destinée au développement des dominions et des colonies. L'exploitation des enfants ne se cache plus sous les dehors de la philanthropie à partir de la Révolution industrielle, et elle enrichit les possédants du fait d'une pression considérable sur les salaires masculins et féminins qui rend nécessaire, pour subsister, le maigre salaire des enfants, employés dès le plus jeune âge, salaire qui vient s'ajouter à celui des parents (le salaire des femmes est déjà plus ou moins la moitié de celui des hommes, sous prétexte qu'il s'agit d'un salaire d'appoint, et celui de enfants encore plus faible).

L'exploitation des enfants des classes populaires s'ajoute à celle des femmes et des hommes, dans l'indifférence quasi générale des dominants obnubilés, sans état d'âme, par leur enrichissement. Devenues prolétaires, au sens premier, c'est-à-dire n'ayant en propre que leurs enfants, les familles des classes populaires sont utilisées tous âges confondus, à partir du milieu du XVIIIe siècle, comme combustible (humain) de la machine économique, à l'instar du charbon, du coton et des premières machines à vapeur. Devenus des objets, machines au service des machines, les enfants des prolétaires et leurs parents voient leur vie sacrifiée au profit du décollage économique de l'Angleterre, avant celui du reste de l'Europe et du monde, décollage qui profite surtout à la minorité des possédants. Nous avons souligné par ailleurs l'exemple terrible des enfants utilisés dans les verreries françaises jusqu'au début du XXe siècle, et surnommés « viande à feu » (Delzant, 2016 ; Péruisset-Fache, 2019).

La réification des êtres humains, même très jeunes, a encore de beaux jours devant elle. A partir de 1945, un changement a lieu, avec le baby-boom d'une part et les débuts de la société de consommation, qui donnent, l'un et l'autre, une place inédite à l'enfant, dont on parlera comme de l'enfant-roi, mais s'agit-il bien d'un vrai pouvoir de l'enfant ?

Chapitre 3.
L'enfant-roi ?

Dans la famille contemporaine, la relation affective à l'égard de l'enfant prévaut sur la relation instrumentale ; l'enfant ne fait plus directement partie du circuit de production (Vincent, 2001). Le démographe note ainsi qu'à la fin du XXe siècle, ce n'est plus le même enfant qui vit l'évolution séculaire notée après 1945, évolution qui a conduit à ce que le phénomène le plus banal de toute l'histoire de l'humanité, la maladie et la mort du jeune enfant, connaisse la dernière phase de son recul, amorcé vers le milieu du XVIIIe siècle. Les caractéristiques physiques de l'enfant d'aujourd'hui, son appréhension du monde extérieur, ses conditions de confort, son environnement familial, le distinguent de ses prédécesseurs des décennies et des siècles passés. Pour autant, est-il vraiment devenu, dans les sociétés occidentales du moins, en raison de sa rareté, l'enfant-roi sur lequel convergent les affections et les espoirs (Norvez, 1990) ? Cette image n'est-elle pas une construction élaborée de toute pièce par la société de consommation pour justifier sa ressemblance avec le meilleur des mondes ? Une chose est certaine, un tournant s'est produit au milieu du XVIIIe siècle, en France, à plusieurs titres.

3.1. Le tournant du XVIIIe siècle

Les historiens notent qu'en France, dès le milieu du XVIIIe siècle, avec une grande avance sur le reste du monde, les couples pratiquent une forme de contraception, le *coïtus interruptus*, si peu efficace soit-il, sans se soucier des interdits religieux relatifs au « péché d'Onan », mais ils ont aussi recours à l'avortement et d'autres méthodes contraceptives chez les plus nantis (Goubert, 1984). Pour l'historien André Burguière (1972), ces pratiques contraceptives correspondent à un changement d'attitude devant la vie, changement affectif qui conduit à vouloir assurer l'avenir de ses enfants, par l'éducation, l'élévation du niveau de vie, et non plus seulement les mettre au monde, qui conduit également à valoriser le couple et à « civiliser » les relations conjugales ; changement éthique aussi qui conduit à dissocier, dans le mariage, le plaisir de la génération, alors que la doctrine de l'Eglise ne justifiait le premier que par le second. L'idée en apparence paradoxale que la limitation des naissances puisse être encouragée par une attention grandissante à l'égard de l'enfant est étayée pour la France du XVIIIe siècle par de nombreux témoignages littéraires ou iconographiques (Bruguière, 1972).

Philippe Ariès note de même que l'invasion de l'enfance dans les sensibilités à partir du XVIIIe siècle a provoqué les phénomènes maintenant bien connus du malthusianisme, du contrôle des naissances. Celui-ci apparaît au moment où la famille achève de se réorganiser autour de l'enfant et dresse entre elle et la société le mur de la vie privée (Ariès, 1975).

E. Badinter (1980) rappelle qu'à la fin du XVIIIe siècle, l'amour maternel fait figure de nouveau concept ; dans le dernier tiers de ce siècle, s'opère une sorte de révolution dans les mentalités : l'image de la mère, de son rôle et de son importance change radicalement, de même que celle de l'enfant. De plus, il faut dorénavant produire des êtres humains qui seront la richesse de l'Etat, contrairement à ce qui se passe pendant l'Ancien Régime. Le juriste Jean Bodin (1529 ou 30-1596) est pourtant célèbre pour avoir écrit qu'il n'y a de richesse que d'hommes.

L'enfant prend donc également alors une valeur marchande, non seulement parce qu'il deviendra producteur de richesses, mais aussi parce qu'il est garant de la puissance militaire de l'Etat. De même, c'est au XVIIIe siècle qu'E. Badinter fait remonter l'idée de l'enfant-roi parce que celui-ci est devenu le plus précieux des biens, un être qu'on ne remplace pas et dont la mort est dorénavant vécue comme un drame qui touche la mère et le père de façon beaucoup plus courante (Badinter, 1980). Puis, à partir du XIXe siècle, la sensibilité romantique exalte la relation mère-enfant, du moins en ce qui concerne les milieux favorisés (Cunningham, 2006), pour aboutir aujourd'hui à l'idée que toutes les familles, quel que soit le milieu social, valorisent l'enfant, même si l'on constate de nombreuses exceptions.

Sans mettre en cause la réalité des sentiments affectueux que la plupart des familles portent à leurs enfants, nous devons néanmoins nuancer la spontanéité de ces sentiments et nous rappeler que nous baignons dans une société qui, de toutes parts, nous manipule, au point de créer le besoin d'enfant dans les sociétés riches où les couples stériles savent pouvoir compter sur les progrès de la médecine et les lois pour satisfaire un désir qu'on peut comprendre, mais qu'on peut aussi qualifier de parfaitement égoïste et irrationnel par rapport à un monde aussi menacé que le nôtre, menacé par le chômage de masse, par le réchauffement climatique, et pire encore par le nucléaire, militaire ou civil, sans oublier les pandémies, récurrentes dans l'histoire de l'humanité et dont les événements récents prouvent que nous y sommes restés vulnérables, menacé aussi par l'accroissement exponentiel de la démographie et du nombre de pauvres, notamment dans les pays du Sud.

3.2. Le « besoin d'enfant »

Dans un monde où nous savons que la pauvreté (phénomène qui n'est pas dû au hasard) contraint à la faim près d'un milliard de personnes dont la plupart, selon les indications de la FAO appartiennent aux trois groupes suivants : les enfants de moins de cinq ans, notamment les petites filles, les femmes en âge de procréer, notamment les femmes enceintes et celles qui allaitent leur enfant, et les foyers à faibles revenus, notamment ceux dont le chef est une femme, un monde où 70 % des pauvres sont des femmes (Wichterich, 1999), l'amour de la vie et de l'humanité ne pourrait-il se traduire autrement qu'en l'égocentrique désir d'enfant à tout prix ? D'autant qu'on sait aujourd'hui qu'un mariage sur vingt se terminait par un divorce en 1900, un sur cinq en 1990, tandis que la séparation concerne aujourd'hui un couple sur trois, mais un sur deux à Paris (Roussel, 2001 ; Jonas, 2007).

Le besoin d'enfant correspond aussi à l'oubli qu'un enfant ne reste pas petit, et à la mise à l'écart du fait que l'humain ne vient pas au monde pour le bon plaisir de ses géniteurs, mais pour entrer dans l'humanité (Legendre, 1992). De plus, nous savons aujourd'hui que, pour survivre dans des conditions durables, l'humanité devrait diminuer progressivement sa population jusqu'à un niveau où une agriculture organique (biologique) suffirait à la nourrir convenablement, ainsi que le préconise l'économiste Goergescu-Roegen (1995), or elle ne semble pas en prendre le chemin.

Aujourd'hui, dans la société occidentale, l'enfant rare, désiré, est programmé par ses parents en fonction des contraintes économiques, des carrières professionnelles, et d'autres raisons personnelles. L'enfant est conçu dans le prolongement du couple comme le témoignage de son épanouissement et de la solidité du sentiment amoureux. Il est devenu l'élément central de la famille à laquelle il donne son sens. Il s'inscrit dans la filiation comme le prolongement de soi, comme un être à part entière, d'autant plus valorisé qu'il est la part de soi que chaque parent veut voir s'épanouir, ainsi que l'observe Irène Théry, citée par S. Vincent (2001).

Le désir d'enfant à tout prix est exacerbé par les difficultés induites sur la procréation humaine naturelle par les atteintes à l'environnement que génère l'anthropocène depuis la Révolution industrielle et qui s'accentuent jour après jour. Ainsi Hubert Reeves constate-t-il que l'affaiblissement de l'espèce humaine est corroborée par une étude de R. Sharye et N. Shakkebaeck, publiée en 1992 dans la très sérieuse revue médicale *The Lancet* (n° 341), qui montre qu'entre 1940 et 1990 (soit il y a déjà entre quatre-vingts et trente ans), le nombre moyen de spermatozoïdes dans le sperme humain a diminué de 45 %, dégradation attribuée aux dommages causés à l'environnement (Reeves et Lenoir, 2003). La biologiste Barbara Demeneix (2017) ajoute pour sa part qu'en matière de pollution environnementale, pour ce qui est des perturbateurs endocriniens, les biologistes observent des hausses considérables de toutes sortes de dommages infligés à la santé humaine dont la hausse de l'incidence de la stérilité.

Tout se passe comme si notre mode de vie devenant de moins en moins durable, notamment dans les pays riches, l'évolution en prenait acte et se préparait à l'extinction de notre espèce pour la sauvegarde de la planète et des autres espèces. Les techniques médicales avancées concernant la procréation artificielle apparaissent dès lors comme des éléments de la panoplie de réparation des dégâts que notre société propose dans de nombreux domaines (Méda, 1999), mais aussi comme un marché lucratif qui transforme l'humain en marchandise et récupère toutes ses frustrations pour les monnayer (Boltanski et Chiapello, 1999 ; Péruisset-Fache, 2020).

Or Jacqueline Costa-Lascoux (Duby et Perrot, 2002) souligne que les nouvelles techniques de procréation, et plus généralement les biotechnologies, renvoient à une réflexion sur les droits fondamentaux de la personne et l'eugénisme. En effet, les enjeux de l'éthique biomédicale portent désormais sur les concepts de personne et de liberté ; ils engagent une certaine vision de l'homme et de la femme, mais aussi, devons-nous ajouter, de l'enfant. Jacqueline Costa-Lascoux note d'ailleurs que le statut de l'enfant et une certaine vision de la structure familiale se trouvent au centre de la réflexion sur la procréation médicale assistée. Avec la PMA, nous sommes donc confrontés à l'ébranlement de l'institution familiale au profit d'une parentalité choisie, alors que la notion de procréation s'allie à celle d'intérêt de l'enfant. Le droit et la bioéthique font alors irruption dans la vie des couples et des individus qui expriment un désir d'enfant, voire un droit à l'enfant (Duby et Perrot, 2002). Or il s'agit là de privilèges en rapport avec des sociétés nanties comparativement aux sociétés où des millions d'humains s'affairent pour simplement assurer leur survie quotidienne et où la procréation prend des allures de calamité.

Mais la médecine ne peut pas tout, et les études montrent que les dégâts infligés à la santé des enfants par la pollution chimique de notre environnement s'avèrent irréversibles (Demeneix, 2016, 2017), nous y reviendrons. La lutte contre la stérilité des couples et la PMA pour les couples homosexuels prennent, dans le contexte global où nous nous situons, la forme d'un enjeu moral difficile à démêler.

En effet, à l'entrée du XXIe siècle, deux milliards de personnes souffrent de ce que les Nations Unies appellent la « faim invisible », c'est-à-dire de malnutrition dont les carences provoquent des maladies souvent mortelles. Selon l'OMS, un tiers de la population mondiale n'a pas encore accès à une eau saine à un prix abordable et la moitié de la population mondiale n'a pas encore accès à l'assainissement (Ziegler, 2003, 2005). Mais surtout, toutes les cinq secondes, un enfant en dessous de dix ans meurt de faim ou de maladies liées à la malnutrition, or Jean Ziegler explique que la faim persistante et la sous-alimentation chronique sont faites de main d'homme ; elles sont dues à l'ordre meurtrier du monde (Ziegler, 2003, 2005). Chaque jour, 40 000 enfants meurent de misère, soit un Auschwitz tous les trois mois ou encore un enfant mort toutes les deux secondes (Latouche, 1993). Pour sa part, Albert Jacquard (2000) souligne que la faim dans le monde n'est pas un problème agricole, mais un problème politique.

Nous ne pouvons pas agir ou penser comme si ces faits n'existaient pas, comme si nous vivions réellement dans le monde radieux que nous révèlent les images publicitaires, mensongères, de la société de consommation. Le désir d'enfant, préoccupation de couples nantis des pays riches que peuvent satisfaire les progrès des techniques médicales, mis en regard des millions d'enfants dans le besoin, produit une résonance bien discordante, bien perturbante. Il existe pourtant des ONG qui pratiquent le parrainage d'enfants sujets à la misère. Ce désir d'enfant est d'ailleurs entretenu et amplifié par l'impact des images publicitaires dont tout un chacun est abreuvé à longueur de journée, spots publicitaires qui mettent particulièrement en scène la famille nucléaire comme épitomé du bonheur (consumériste) occidental.

3.3. L'impact des images publicitaires

Les images publicitaires, quel qu'en soit le support, magazines, affiches, télévision, modifient profondément, à leur insu, le psychisme de ceux qui les perçoivent. Elles présentent une conception fausse, car aseptisée d'un bonheur qui serait accessible, de façon permanente, grâce aux satisfactions matérielles de tous ordres (Péruisset-Fache, 2001), et utilisent pour ce faire le portrait de la famille idéale, généralement un couple hétérosexuel et deux enfants, mis en scène pour faire la promotion de toutes sortes de biens, du fromage à la voiture, des vacances aux lingettes désinfectantes, famille à laquelle les consommateurs ciblés sont priés de s'identifier, voire de se conformer, condition *sine qua non* pour être heureux au moyen de l'acquisition des biens en question. On sait par ailleurs que ce pseudo bonheur est, bien sûr, réservé aux consommateurs solvables. En outre, les images publicitaires tendent à assigner les enfants à des rôles sexués fortement influencés par la société patriarcale, au même titre que les jouets mis sur le marché. S. Vincent a remarqué que, par exemple, les jouets représentent très souvent, en miniature, les objets de la vie courante et sont fortement corrélés aux représentations et aux conditions sociales de l'enfant. Ils répondent aux différences de sexe, au découpage et aux variations socioculturelles (Vincent, 2001).

Pourtant, la famille idéale présentée dans les images publicitaires se fait en réalité de plus en plus rare ; il est noté qu'à la fin du XXe siècle, cette famille ne ressemble plus à la famille modèle qui un temps illustrait le paquet de cornflakes : les années d'après-guerre ont vu, en Angleterre comme ailleurs en occident, le nombre des divorces exploser. Cunningham (2006) souligne qu'au Royaume-Uni, de 7 500 divorces recensés à la fin des années 1930, on est passé à 60 000 dans les années immédiatement après-guerre ; puis après une diminution dans les années 1950, on assiste à une recrudescence : ils passent de 32 000 en 1961 à 74 000 en 1971, 176 000 en 1993 et redescendent à 149 300, tout de même, en 2004. Parallèlement, on observe une augmentation des familles monoparentales. A la fin des années 1970, toujours au Royaume-Uni, 11 % des enfants vivent dans une famille monoparentale, soit 1,5 million d'enfants. En 2005, ce sont 24 % des enfants (un sur quatre) qui vivent dans des foyers monoparentaux (Cunningham, 2006). Cette situation n'est pas propre au Royaume-Uni. En 1999, selon le vingt-huitième rapport sur la situation démographique de la France, plus de 10 % des ménages avec enfants sont des familles monoparentales (Roussel, 2001). Il n'empêche, le couple hétérosexuel avec deux enfants, fille et garçon, le « choix du roi » selon l'expression, est présenté comme la norme par la publicité.

En matière de publicité, Guy Debord (1992) a bien vu, dans son analyse de la société de spectacle, qui est la nôtre, que ce qui est communiqué, ce sont des ordres, de même que Jean

Baudrillard (1970) a noté que derrière la moindre publicité pour les Canaries ou les sels de bain, la référence absolue est le bonheur, l'équivalent du salut de la société chrétienne médiévale, mais aussi et surtout que la consommation est une contrainte, un dressage social, et que les médias ont une fonction de conditionnement et de méconnaissance, la publicité étant le médium de masse par excellence, au service d'une manipulation gigantesque. Philippe Breton, précise que la manipulation consiste à construire une image du réel qui a l'air d'être le réel, alors qu'il s'agit d'une communication contraignante. Or la manipulation dépossède l'homme de lui-même, elle en fait le jouet d'autrui (Breton, 1997). A cet égard, il nous faut rappeler que si, dans le monde, d'après un rapport du PNUD (Programme des Nations unies pour le Développement), l'accès aux services sociaux (coûts de la réalisation et du maintien d'un accès universel à l'éducation de base, aux soins de la santé de base, à une nourriture adéquate, à l'eau potable et à des infrastructures sanitaires) est estimé à 40 milliards de dollars par an en 1998, les dépenses de publicité sont dix fois supérieures, elles atteignent en effet 400 milliards de dollars annuels (Maris, 2003 ; Viveret, 2005).

Aux images, sont bien sûr associés des slogans dont l'impact n'est pas moindre sur le psychisme des consommateurs-cibles (Greven, 1982). Les annonces publicitaires utilisent, travestissent et dénaturent les sentiments les plus humains à des fins commerciales ; ces derniers deviennent des arguments de vente. Images et slogans jouent un rôle non négligeable sur l'inconscient et le subconscient de ceux qui les regardent, et les enfants ne sortent pas indemnes de l'exposition à la publicité. Les publicitaires savent d'ailleurs combien l'influence de ceux-ci sur les choix des parents peut entrer en ligne de compte dans la propension à la consommation. A la fin du XXe siècle et au début du XXIe, les chercheurs font le lien entre le temps passé par les enfants devant la télévision et la croissance du marché de la consommation concernant leur tranche d'âge (Cunningham, 2006).

La même pression insidieuse est exercée aujourd'hui vis-à-vis des enfants que celle qu'ont exercée les publicitaires américains sur les femmes des Etats-Unis au début du XXe siècle. Ainsi que le rappelle Nancy F. Cott (Duby et Perrot, 2002), les publicitaires se mirent à exploiter les découvertes de la psychologie selon lesquelles un comportement civilisé obéit à des motivations irrationnelles, utilisant le symbolisme de l'image et les associations d'idées pour créer chez le consommateur des émotions l'incitant à acheter. Les nouvelles techniques graphiques et photographiques permirent à la publicité de devenir un moyen visuel plus insidieux que jamais, vendant délibérément aux consommateurs non seulement des produits, mais des images d'eux-mêmes, construisant même de toute pièce cette image, comme si elle était le reflet de la réalité. C'est de cette façon, entre autres, que de nos jours, l'économie tire parti des jeunes, exploite leur psychisme, les manipule et en fait à leur tour des manipulateurs et surtout des consommateurs.

Franck Mazoyer (2001), à qui nous empruntions les éléments d'analyse qui suivent, explique ainsi que, financés par de grands groupes de distribution, c'est dans les années 1950 que sont apparus les instituts de « recherche des motivations ». Leur mission consistait à étudier le comportement de l'homme de la rue pour l'inciter, à son insu, à acheter tel ou tel produit, à parvenir à « vider » le subconscient des gens, à cerner les différentes personnalités (les anxieux, les passifs, les hostiles...) et trouver leurs faiblesses profondes. Ensuite viendra le moment de concevoir l'« hameçon » psychologique auquel ils devraient mordre. Selon le magazine *Sales Management, « en 1956, 12 millions de dollars ont été dépensés par des fabricants comme Goodyear ou General Motors pour financer ce type de recherche »*, ainsi qu'en fait état Vance Packard (1989).

Emerveiller pour séduire, rien de plus facile à l'égard de la cible idéale des chercheurs en marketing, à savoir, les enfants ; on parle alors de « psychoséduction infantile ». L'un de ces experts, M. Clyde Miller, explique l'importance de s'adresser spécifiquement à eux : *« Cela prend du temps, oui, mais, si vous comptez rester dans les affaires assez longtemps, songez à ce que cela peut signifier de profits pour votre firme si vous pouvez conditionner un million ou dix millions d'enfants qui seront un jour des adultes dressés à acheter votre produit comme les soldats sont dressés à avancer quand ils entendent commander : « En avant, marche ! » »*

Les premiers résultats de cette expérience sont intéressants. Pour être acheté sans réticence, le produit doit répondre à huit besoins cachés : il doit flatter le narcissisme du consommateur, lui apporter de la sécurité émotive, lui assurer qu'il est méritant, l'inscrire dans son époque, lui donner un sentiment de puissance, d'immortalité, d'authenticité et, enfin, de créativité. En agissant sur ces différents leviers, distributeurs et publicitaires vont faire acheter leurs produits non pas pour leur utilité réelle, mais pour le « manque » qu'ils promettent de combler. De ces recherches va naître un concept commercial connu de tous : les supermarchés. Un choix immense, des rayons à perte de vue, une avalanche de couleurs et de lumière. Autant d'éléments qui séduisent le consommateur, lui font perdre ses repères, et qui, au final, favorisent les achats impulsifs.

La télévision s'avère particulièrement efficace en matière de publicité : Popper et Condry soulignent qu'elle procède à des opérations de déréalisation, les idées qu'elle propose sont fausses et irréalistes ; elle n'offre aucun système de valeurs cohérent, son système de valeurs ne sert que la consommation. Elle ruine méthodiquement les structures logiques et les mécanismes de la pensée au moyen de l'anéantissement de la causalité, du lien entre le passé et l'avenir, mais aussi des limites entre la réalité et la fiction, perturbant les mécanismes mentaux qui sous-tendent la distinction entre les deux, alors qu'elle devient une des principales instances de socialisation de l'enfant (Popper et Condry, 1994). Elle est le vecteur de la diffusion à grande échelle de l'idéologie néolibérale, du culte de la richesse et de la marchandise (Canfora, 2006). Le bonheur, supposé accessible grâce à l'achat et l'utilisation de divers produits, est repéré comme le message essentiel (et mensonger) de la plupart des publicités commerciales diffusées par la télévision (Popper et Condry, 1994), souvent en direction des enfants.

D'autre part, Bernard Stiegler (2008) note que des études poussées font maintenant état du rôle destructeur de la télévision sur la formation du cerveau à partir de données factuelles extrêmement précises. En Europe, entre 1/3 et 2/3 des enfants ont désormais la télévision dans leur chambre selon les pays et les milieux sociaux (près de 75 % dans les milieux défavorisés en Angleterre), chiffres qui s'appliquent aux enfants entre 0 et 3 ans. Aux Etats-Unis, dès l'âge de trois mois, 40 % des bébés sont placés devant la télévision, des DVD ou des enregistrements vidéo. La proportion passe à 90 % à partir de deux ans. Une chaîne de TV américaine, Baby First, s'adresse expressément aux tout-petits depuis 2004 (mais elle n'a fonctionné en France que de 2007 à 2010). Or l'exposition des bébés entre un an et trois ans aux programmes de la télévision augmente le risque de les voir souffrir de déficit attentionnel lorsqu'ils atteignent l'âge de sept ans. Les résultats d'une enquête de 2007 ont confirmé l'hypothèse que l'exposition très précoce à la télévision pendant la période critique du développement synaptique pourrait avoir de profonds effets sur le développement du cerveau. Or il est aujourd'hui établi que les troubles de l'attention résultent en un trouble des conduites (Stiegler, 2008). Un rapport établit que le temps quotidien que la jeunesse américaine passe avec les médias est de six heures et demie y compris les jours d'école. Mais comme ce temps peut être passé avec plusieurs médias, la moyenne totale de ce « consumérisme télévisuel » est en réalité de huit heures et demie. Or les conséquences de l'exposition aux médias sur la synaptogenèse (le développement des synapses, dans le tissu cérébral) et les problèmes d'attention font qu'en période d'examens, les étudiants et les lycéens prennent des stimulants tels que ritaline, dexédrine ou drogues équivalentes qui les aident à se concentrer (Stiegler, 2008).

La mainmise de la télévision (donc des industriels) sur la jeunesse n'est pas fortuite : on sait que les jeunes sont devenus les prescripteurs des conduites culturelles contemporaines (Anatrella, 2001) ; que si la jeunesse est devenue prescriptive, c'est par une inversion générationnelle qui est le signe le plus évident de la véritable ruine de l'éducation à quoi a conduit le marketing télé-visé (ainsi que l'orthographie à dessein Bernard Stiegler) de la société des consommateurs (Stiegler, 2008). Le système a besoin de mœurs libertaires, d'une politique social-démocrate, d'une économie libérale, car ce sont les trois composantes du meilleur mode de production capitaliste possible, celui du plus grand profit et de sa parfaite gestion (Clouscard, 1996). Louis Roussel (2001) souligne, lui aussi, que les publicitaires trouvent dans l'enfant l'intermédiaire idéal entre acheteur et vendeur, il est en fait le décideur le plus écouté par les adultes dans leurs achats. La publicité s'emploie donc à capter ses désirs et les orienter (Roussel, 2001).

A l'augmentation constante du temps consacré par les enfants à regarder la télévision, efficacement prescriptive, correspond un nombre important de publicités à eux destinées, notamment en matière de jouets, sans qu'ils soient pour autant complètement crédules face aux incessantes sollicitations dont ils sont la cible. Il semble que les enfants se montrent des consommateurs à part entière, qui évaluent et comparent, mais ils restent une cible privilégiée des fabricants et du marketing qui les considère comme prescripteurs à part entière de pratiques de consommation courantes, ou plus exceptionnelles, de leur famille, consommation alimentaire, vestimentaire, consommation concernant le véhicule, l'électricité, etc. Ils sont très présents dans les publicités, bien qu'il soit interdit de les « utiliser » pour vanter des produits qui ne les concernent pas directement selon l'article 6 du décret du 26 janvier 1987, abrogé depuis (Vincent, 2001). D'ailleurs les publicitaires enfreignent allègrement la loi, ils en sont coutumiers, ainsi que le montre Didier Angelo (1998), qui écrit : « *la publicité clandestine est traitée en un seul article dans le décret réglementant la publicité télévisée, mais est pourtant l'infraction la plus fréquente, quelquefois même sanctionnée par le CSA. Produire des programmes ancrés dans la vie quotidienne sans enfreindre la réglementation sur la publicité demande une vigilance constante et le CSA a pu constater des dérives. L'instance de réglementation fait malgré tout preuve de tolérance dans le domaine du placement de produit, une pratique courante dans la production cinématographique et audiovisuelle.* » La consommation est reine.

Or le système de la consommation entretient chez les adultes le désir d'enfants, l'idéalisation de ces enfants et, à ceux-ci, il invente des besoins et fournit le moyen de les satisfaire, contre argent sonnant et trébuchant. En effet, depuis les années 1960 et l'émancipation des adolescents par rapport à la tutelle des parents, il est établi que l'argent des jeunes (argent de poche, bien souvent) est particulièrement convoité par les entreprises commerciales qui leur proposent toutes sortes de biens, notamment aujourd'hui ceux que les technologies de pointe ont créés : jeux vidéo, téléphones portables, etc.

Quelque 60 % des Américains, plus de 145 millions de personnes, selon Thérèse Delpech (2005), jouent aux jeux vidéo, avec un âge moyen de 28 ans ; les ventes de consoles et de logiciels de jeux ont atteint, en 2004, plus de 6 milliards de dollars, chiffre qui devrait encore augmenter, et souligne l'importance de l'addiction (Delpech, 2005). La puissance de l'argent des jeunes dont témoignent ces pratiques est un phénomène repéré dès la période située entre 1955 et 1973, grâce à la vente de disques, passée de 277 millions de dollars à deux milliards dans ce laps de temps (Hobsbawm, 1999). Bernard Stiegler (2008) fait observer que les industries culturelles se déploient massivement à cette époque et promeuvent le pouvoir de la jeunesse comme marché et pouvoir d'achat. Les années 1960 coïncident avec le développement de la télévision qui n'atteint pas 10 % des Français en 1958, mais 13,1 % en 1960 et 70,3 % dès 1970.

En Angleterre, la consommation cible les enfants à un très jeune âge, avec l'importance prise par le cinéma dès le début du XXe siècle. Dans les années 1930, à Londres, 63 % des enfants de moins de 5 ans étaient des habitués des salles obscures. Toutes les semaines, plus de 4,5 millions d'enfants allaient au cinéma. Les films s'accompagnaient de produits dérivés offerts à la vente, dès avant la Deuxième Guerre mondiale, idée développée par Walt Disney et qui va prendre un essor considérable ensuite. Déjà, la question de l'argent de poche des enfants se pose avant la 2nde Guerre mondiale, et ce sont les familles ouvrières qui alors donnent le plus à leurs enfants. Ceux-ci achetaient surtout des sucreries, des glaces et des illustrés… A la fin du XXe siècle, le marché de la consommation concernant les enfants est estimé à 10 milliards de livres au Royaume Uni. Les parents dépensent alors en moyenne 725 livres par an en jouets pour chacun de leurs enfants. Du coup, les publicitaires mettent de plus en plus en valeur Noël et les anniversaires, pour doper la consommation (Cunningham, 2006), puis il y aura Halloween, entre autres...

De fait, dépenser pour ses enfants apparaît comme un trait majoritairement populaire, et même caractéristique d'une situation de monoparentalité, bien que les femmes qui élèvent seules leurs enfants après séparation ou divorce se trouvent dans un contexte financier plus difficile que lorsqu'elles vivaient en couple. La part du budget consacré aux jouets croît au fur et à mesure que l'on descend dans l'échelle sociale (Vincent, 2001).

L'enfance est un nouveau marché, en expansion rapide. Les médias et l'industrie des jouets ont conclu un sinistre pacte afin de s'attacher les petits clients. Les *skippies (school kids with income and purchasing power*), enfants à revenus et pouvoir d'achat, sont devenus une clientèle ; ce secteur représente un chiffre d'affaires de 250 milliards de francs (35 milliards d'euros) par an à la fin du XXe siècle (Wichterich, 1999).

Le monde idéal de la société de consommation utilise les jeunes de tous les âges à ses fins propres, qui n'ont rien à voir avec le souci de leur véritable bien-être ou de leur développement personnel, mais les inscrit d'emblée dans l'univers factice et frustrant de l'avoir et des désirs sans fin, leur inculquant des valeurs profondément délétères et antithétiques des valeurs traditionnelles de notre société, y compris celles qui, en France, ont été inscrites dans la Constitution (Péruisset-Fache, 2015).

La consommation des jeunes, l'argent de poche dont ils disposent, la « sacralisation de l'enfance », selon les mots de l'historienne américaine Viviana Zelizer citée par Hugh Cunningham (2006), attitude notable à partir des années 1950, la place occupée dans la famille et dans la société par les adolescents d'aujourd'hui, font-ils pour autant de ces jeunes des enfants-rois ?

3.4. Des enfants-rois ?

Le paragraphe qui précède semble apporter la preuve du pouvoir acquis par les enfants occidentaux au cours du siècle dernier, ou plutôt du pouvoir qui leur a été accordé par les parents et la société, par le biais de l'argent entre autres. Mais il s'agit essentiellement d'un pouvoir imaginaire, superficiel, récupéré par la société de consommation, et surtout, ce pouvoir n'est pas universel, même si certains enfants semblent devenus de jeunes tyrans. Il apparaît en effet que même dans les sociétés occidentales qui donnent l'illusion d'être riches au moyen des images qu'elles propagent pour vanter la marchandise ou héroïser, hommes ou femmes, ses entrepreneurs, ses milliardaires, ses sportifs, ou ses acteurs de cinéma bien rémunérés, ceux dont la photo illustre la couverture en papier glacé des magazines de façon récurrente, même dans ces sociétés la pauvreté s'accroît et les enfants sont mis à contribution pour y remédier au moins partiellement.

Non seulement, à l'échelle mondiale, selon les calculs de l'organisation internationale du travail, en 2004 la moitié de la population mondiale vit dans la pauvreté, dont selon la Banque mondiale 2 milliards végètent dans la pauvreté absolue (Ziegler, 2003), mais encore le taux de pauvreté à l'intérieur des sociétés occidentales s'aggrave.

Au sein du pays le plus riche du monde, les Etats-Unis, au début des années 2000, presque quatre millions d'enfants (environ un quart des enfants américains) vivent en dessous du seuil de pauvreté (Zinn, 2002). Selon J. Stiglitz (2019), en Amérique dans les années 2010, près d'un enfant sur cinq grandit dans la pauvreté. La pauvreté n'est donc pas la caractéristique des pays en voie de développement, elle constitue aussi une aberration des pays riches, qui sont en fait des sociétés très inégalitaires (Cagé, 2018 ; Piketty, 2013, 2019). C'est ainsi que Jacques Généreux (2016) fait état de 3,5 millions de pauvres en plus dans l'Union européenne entre 2008 et 2011 à cause de la récession, dont plus de 19,5 % au Portugal ou en Italie, plus de 22 % en Espagne et en Grèce, les taux de pauvreté les plus élevés concernant les pays où l'on a appliqué les plans d'austérité imposés par l'Euro-groupe, qui n'a d'ailleurs pas d'existence officielle légale (Varoufakis, 2017). En Allemagne même, la proportion des travailleurs qui se situent sous le seuil de pauvreté a doublé entre les années 2000 et 2010 (Généreux, 2016).

Gérard Noiriel (2018) indique qu'en 2012, la France compte environ 8,5 millions de pauvres, soit environ 14 % de la population totale. Selon l'INSEE (Institut national de la statistique et des études économiques), en 2018, le taux de pauvreté monétaire atteindrait 14,7 % de la population française, soit 9,3 millions de personnes (Insee, 2019). A la même date, le taux de pauvreté aux Etats-Unis atteint 12 % de la population, soit 39 millions d'Américains. Par comparaison, en Chine, si du moins les chiffres sont fiables, le taux de pauvreté est passé de 97,5 % en 1978 à 17,2 % en 2010, puis à environ 3 % (16,6 millions de personnes) en 2018. En Russie, il est de 14,3 % de la population en 2018, soit 20,9 millions de personnes (Insee, 2019). Keith Dixon (2003) indique qu'au Royaume-Uni, la pauvreté concernait, en 1979, selon l'estimation la plus basse, 4,4 millions de personnes, et en 1992, 11,4 millions, soit 20 % de la population. Les chiffres concernant la pauvreté enfantine sont encore plus graves : alors qu'en 1979, 10 % des enfants britanniques vivaient dans la pauvreté, en 1992 c'est un tiers de tous les enfants britanniques, 33,3 %, qui supportent ces conditions de vie. En 2002, selon les chiffres officiels, il y a 13 millions de Britanniques pauvres dont 3,9 millions d'enfants (Dixon, 2003). Le « rapport Marmot » du nom de l'épidémiologiste Michael Marmot, rapport plus exactement intitulé *Fair Society, Healthy Lives*, publié en 2010, et réactualisé en 2020 sous le titre *Health equity in England*, fait état d'une nouvelle aggravation de la pauvreté infantile au Royaume-Uni, passée de 28 % sur la période 2009-2012 à 31 % sur 2015-2018 (Marmot, 2020). Or la pauvreté entraîne pour les enfants, même s'ils sont d'âge scolaire, l'obligation de travailler pour augmenter un tant soit peu les revenus du foyer (Dixon, 2003).

Dans son rapport de 1997, l'Unicef note : « *La ruée mondiale vers la compétitivité aspire les enfants dans le monde du travail. En Inde, qui ne s'est totalement ouverte à l'économie mondiale que ces dernières années, la compétition internationale a recherché un avantage par le recrutement de main-d'œuvre enfantine à bas prix* » (Brisset, 1997). Le phénomène atteint aussi l'Union européenne puisque le nombre des enfants de moins de quinze ans au travail, en pleine recrudescence, dépasserait les deux millions.

C'est ainsi que Hugh Cunningham (2006) note qu'au Royaume-Uni, si la plupart des jeunes obtiennent de l'argent de poche de leurs parents, sans contrepartie (c'est-à-dire, par exemple, sans partager les tâches de la vie quotidienne, ce qui n'est pas vrai pour tous, notamment lorsque l'unique parent travaille), les chercheurs ont mis en évidence que dans les années 1980 et 1990, les enfants occupaient un nombre considérable d'emplois salariés. Entre un tiers et la moitié des jeunes âgés de 13 à 15 ans occupaient des emplois rémunérés, tels que la distribution de journaux, les petits boulots dans des magasins, des hôtels, la vente de porte-à-porte, les garages et même le bâtiment. Une minorité signifiante de ces adolescents, peut-être un quart, travaillait plus de dix heures par semaine en sus de leurs 30 heures d'école hebdomadaires. Les enfants de familles immigrées (chinoises notamment) prêtent naturellement, spontanément, et largement, main forte à leurs parents dans l'entreprise familiale, d'autant qu'ils maîtrisent vite la langue de leur pays d'accueil et peuvent ainsi servir d'interface (Cunningham, 2006).

On le voit, les enfants-rois ne se trouvent pas dans toutes les classes sociales, et ce n'est pas parce qu'ils sont gâtés de biens matériels et abreuvés de fausses valeurs que les enfants d'aujourd'hui sont plus heureux que ne le furent les enfants d'autrefois. Les mieux lotis financièrement ont gagné en quantité d'objets ce qu'ils ont perdu en vraie liberté et en qualité de vie, de même que les adultes qui les entourent. Les plus défavorisés sont amenés à commencer à gagner leur vie avant l'âge légal. C'est ainsi que la société d'aujourd'hui utilise soit comme producteurs, soit comme consommateurs qui s'ignorent en tant que tels, soit encore les deux, tous les enfants sans exception.

Mais il y a pire, la dépravation de certains adultes, accentuée par les moyens techniques à leur portée (ordinateurs, téléphones portables, voyages aériens), a transformé plus que jamais et de manière plus voyante l'enfant en denrée consommable, par le biais de la pornographie, de la pédopornographie, et de la prostitution, notamment dans les pays les plus pauvres (aux Philippines par exemple).

3.5. L'enfant, une denrée consommable

L'exploitation sexuelle des enfants semble en effet plus particulièrement développée en Asie qu'ailleurs dans le monde, bien qu'elle ne soit absente nulle part ; elle concernait, à la fin des années 1990, environ cent mille enfants aux Philippines, dont les plus jeunes n'avaient pas dix ans, et prend les dimensions d'une industrie en Thaïlande, avec probablement plus de trois cent mille enfants pour la seule ville de Bangkok. Ce qu'il faut bien appeler « l'industrie du sexe » a récemment représenté la première source de devises de la Thaïlande, soit cinq milliards de dollars. Ce pays est même devenu la plaque tournante du marché, d'où enfants et adolescents sont exportés vers d'autres pays : Japon, Malaisie, Singapour, Australie, Nouvelle-Zélande, Etats-Unis *via* Hawaï (Brisset, 1997). Mais l'Asie ne détient pas le monopole de l'esclavage sexuel des enfants : celui-ci a cours en Colombie, au Pérou, au Brésil, aux Etats-Unis, en Europe de l'ouest, y compris en France, et en Europe de l'est ainsi que dans les pays de l'ex-URSS (Brisset, 1997). D'ailleurs, les pays dits émergents, qui comptent sur le tourisme pour leur rapporter des devises et animer leur développement, intègrent la prostitution à leurs calculs, et la considèrent comme une condition structurelle du succès économique (Wichterich, 1999 ; Soh, 2008). Mais ces calculs sont aussi de mise dans les pays d'Europe où la prostitution est assujettie à l'impôt.

Le laxisme des démocraties occidentales apparaît dans toute sa démesure lorsqu'un écrivain comme Gabriel Matzneff parvient à être adulé par l'intelligentsia parisienne plutôt que dénoncé pour ses agissements ou des romans pornographiques autobiographiques dans lesquels, pendant de longues années, l'auteur ne se cache pas de son tourisme sexuel, de ses relations pédérastiques et pédophiles, dans divers pays du monde, avec de jeunes enfants pauvres qu'il rémunère pour leur soumission voire pire, relations qu'il entretient aussi avec de très jeunes filles de bonnes familles, bien naïves, comme celle de Vanessa Springora qui écrit un livre, paru en janvier 2020, au sujet de l'emprise sur elle, dès ses 13 ans, de Matzneff alors âgé de 49 ans !

Mais ce laxisme apparaît aussi dans l'inertie des pouvoirs publics en Europe et plus particulièrement en France, ainsi qu'en fait état un article de Mediapart, « *Les enfants disparus de Roissy* » PAR LEÏLA MIÑANO (INVESTIGATE EUROPE) en date du 29 juillet 2020, alors que des milliers d'enfants mineurs originaires du Vietnam atterrissent à l'aéroport de Roissy en provenance d'Asie, en compagnie d'adultes qui se font passer pour leurs parents et les abandonnent ensuite à l'aéroport, non sans leur avoir confisqué leurs papiers et appris à prononcer les mots « asile politique ». Ces enfants disparaissent peu de temps après, enlevés par des réseaux de trafiquants, avant d'être réduits en esclavage dans des fermes de cannabis, des bars à ongles ou des réseaux de prostitution.

D'autres formes de réification des enfants prospèrent en fonction des modes de vie mondialisés de la société de spectacle contemporaine (Debord, 1992). Ainsi en est-il de la place prise, de nos jours, par le football, qui transforme de jeunes Africains en « actifs bancaires », ainsi qu'en font état des enquêtes d'investigation menées après les révélations, dès 2015, des Football Leaks.

3.6. Enfants monnayables

Denrée consommable du système néolibéral qui transforme tous les aspects de la vie et la vie elle-même en marchandise, l'enfant du monde contemporain apparaît, au même titre que la majorité des humains, comme la victime d'expériences délétères, celles d'une société soumise aux diktats de l'argent-roi et aux mensonges publicitaires de la télévision.

Seule échappatoire aux difficultés économiques qui étreignent les populations africaines, le football permet à de nombreux jeunes Africains (parfois dès l'âge de 8 ans) de rêver à un avenir meilleur. C'est précisément le but d'une organisation du nom de RTD (« Right to Dream », le droit de rêver ou le droit au rêve), aux pratiques illégales, installée au Ghana, qui se présente comme une ONG, ainsi que le révèlent Michel Henry et l'EIC (European Investigative Collaborations), dans l'article du 10 novembre 2018, de Mediapart, *« Les joueurs mineurs africains ? Une « gestion d'actifs » pour Manchester City* » et, toujours sur Mediapart, dans l'article du 10 décembre 2018 de Yann Philippin et l'EIC, « *Des enfants de l'académie africaine de Manchester City, châtiés et maltraités* ».

Si les quelques jeunes (une vingtaine sur 25 000 prospectés chaque année) admis à l'« académie » peuvent espérer voir leurs conditions de vie s'améliorer, le rêve tourne vite au cauchemar et leurs aspirations à devenir joueurs professionnels en Europe ne se réalisent qu'exceptionnellement. Ils finissent parfois par gagner beaucoup d'argent, mais se rendent vite compte qu'ils ont alors vendu leur âme et en éprouvent un mal-être dont ils ont du mal à se défaire. Ils ne sont considérés que pour l'argent qu'ils peuvent rapporter au club « Manchester City » qui œuvre aux côtés de Right to Dream, valorisant les jeunes joueurs à partir de l'âge de 16 ans avant de les revendre avec profit, sans tenir compte de leur liberté de choix et des dégâts infligés à leur vie personnelle par la manipulation dont ils sont l'objet. Quand ces jeunes veulent rentrer au pays, ils ne sont accueillis que pour l'argent qu'ils sont censés rapporter et se rendent compte qu'ils sont désormais devenus des étrangers.

On en revient à la formule de J. M. Keynes, citée par Michael Albert (2003) : « *le capitalisme consiste en la conviction invraisemblable que les pires individus feront les pires choses pour le plus grand bien de tout le monde* », ou encore à la définition du néolibéralisme comme « le renard libre dans le poulailler libre ». Et l'on est d'autant plus révolté quand il s'agit d'enfants que l'on brise pour en tirer profit.

Si le fait n'est pas nouveau, *nihil novi sub sole*, rien de nouveau sous le soleil, il n'en est pas moins justifiable d'une analyse approfondie, celle qui est proposée dans le chapitre suivant.

Chapitre 4.
L'enfant, un sujet d'expériences délétères

Le capitalisme a pour caractéristique centrale de n'accorder de valeur qu'à l'argent, d'où la place exorbitante faite à l'économie aujourd'hui, et de soumettre la société entière à cette « valeur » au profit d'une minorité de puissants prédateurs. Historiquement, après avoir longtemps été très étroitement liés à l'Etat et parfois limités par l'Etat de droit, le capitalisme et ses thuriféraires n'ont eu de cesse de s'émanciper du pouvoir de l'Etat pour atteindre la forme que nous lui connaissons depuis les années 1980, celle du néolibéralisme qui promeut la privatisation du monde, fait la part belle aux activités financières favorisées par les nouvelles technologies, et dont le but est la gouvernance mondiale sans Etat, telle que promue par le Consensus de Washington (opposé au consensus keynésien en vigueur après la Deuxième Guerre mondiale, jusqu'aux années 1970, qui en Europe avait permis les « Trente Glorieuses », parenthèse exceptionnelle dans l'histoire humaine de relative réduction des inégalités). Or le néolibéralisme constitue un encouragement à toutes sortes de prédation, nocives pour l'humanité, nocives pour la planète, et dont les enfants sont les premiers à faire les frais.

4.1. L'enfant, un être sacrifié au système.

Dès les débuts de la révolution industrielle, la liberté d'entreprendre a permis le développement de quantités d'activités néfastes, contraires au bien-être humain et même au développement normal de la vie (Jarrige et Le Roux, 2017). C'est ainsi que depuis la Seconde Guerre mondiale notamment, la prolifération exponentielle de substances toxiques dans l'environnement, telles que les perturbateurs endocriniens (entre autres), nuit gravement à la santé des enfants et hypothèque ou détruit parfois de façon irréversible le fonctionnement normal de leur cerveau, leur intelligence et leur santé mentale, en agissant par exemple sur les hormones thyroïdiennes et ce, dès la conception, ainsi que le mettent en évidence les recherches de la biologiste Barbara Demeneix (2016, 2017) et de ses collègues, aux travaux desquels elle se réfère méticuleusement dans son livre de 2016. Les générations actuelles sont en effet exposées, dès leur conception, à des niveaux de pollution chimique sans précédent, tant du point de vue du nombre de produits que des quantités totales. De fait, depuis les années 1970, le nombre d'agents chimiques présents dans notre environnement a augmenté de façon exponentielle, la production de l'industrie chimique ayant été multipliée par 300. Il est établi qu'aujourd'hui toutes les femmes enceintes sont exposées, qu'elles le veuillent ou non, à une combinaison complexe de produits chimiques de synthèse, tout comme les fœtus et les bébés *in utero*. Il ne faut donc pas s'étonner si maintenant, dans tous les pays développés, le fossé se creuse entre la durée de vie et la durée de vie en bonne santé, cette dernière diminuant encore plus vite que la première (Demeneix, 2017).

Combien de générations auront-elles été sacrifiées à l'emprise délétère des produits de l'industrie chimique depuis que la biologiste Rachel Carson en a dénoncé les effets, il y a soixante ans (Carson, 1962) ? Ces produits se retrouvent dans l'air que nous respirons et dans les aliments dont nous nous nourrissons, même des années après leur interdiction et l'arrêt de leur fabrication. Mais les industriels nient leur responsabilité et prétendent que l'absence de preuves tangibles justifie leur inaction (Demeneix, 2016), argument classique dont, depuis très longtemps, se sont, par exemple, saisis les industriels du tabac (qui ont aussi les enfants pour cible) afin de contrer les études médicales mettant en garde les populations contre les dangers de la cigarette (Proctor, 2014), argument dont se prévalent aussi les Etats pour justifier leur négligence ou leur attentisme.

Ce qui est vrai pour la pollution chimique est vrai pour le réchauffement climatique (les deux vont de pair). En effet, l'une des formes que prend la constitution par les lobbyistes industriels de la représentation patronale est le financement de *think tanks* en Europe et la capture de l'espace scientifique par les industriels privés, au point que le changement climatique est l'illustration de la politique du doute instillée par les intérêts privés. Les lobbys conservateurs ont en effet, depuis plusieurs décennies, mis en œuvre des politiques de déstabilisation et de dé-crédibilisation des chercheurs dans des domaines tels que la recherche sur les risques du tabac, les pluies acides, etc. Or, quand le doute prend le dessus, aussi longtemps que la controverse est active, il est impossible pour le politique de réguler comme il le devrait, en fonction de l'intérêt général (Cagé, 2018) et il s'abrite derrière le doute pour se dédouaner de son impéritie.

Les industriels ont donc de plus en plus recours à ce subterfuge pour gagner du temps : ils créent une controverse scientifique dilatoire qui entraîne des débats contradictoires entre chercheurs et sème le doute dans le grand public tout en permettant aux Etats de temporiser et de justifier leur inertie (Demeneix, 2017). Ainsi, en matière d'étiologie de diverses maladies, focaliser la recherche sur les gènes au lieu de prendre en compte les causes environnementales exonère les Etats ou les organismes de règlementation de toute responsabilité ; pourtant, la recherche a mis en évidence que la prédisposition génétique peut être exacerbée ou atténuée par des facteurs environnementaux, épigénétiques (Demeneix, 2017).

Pour prendre l'exemple des Etats-Unis, l'inventaire du *Toxic Substance Control Act* de l'Agence américaine de protection de l'environnement (EPA) répertorie plus de 85 000 substances fabriquées ou importées aux Etats-Unis au-delà d'une quantité de 10 tonnes ; cette liste ne comprend pas les substances régies par d'autres textes de loi, telles que les pesticides, les aliments « préfabriqués », les additifs alimentaires et les cosmétiques, et il s'y ajoute 1 000 produits chaque année. L'Union européenne a, elle aussi, adopté, en 2007, un programme d'enregistrement, évaluation et autorisation des produits chimiques (REACH), procédure plus stricte que celle de l'EPA ; elle a répertorié 143 000 produits chimiques (Demeneix, 2016, 2017). Mais constater n'est pas réglementer, et la vie continue (si l'on peut dire), comme si de rien n'était.

Les conséquences des effets délétères de la pollution industrielle ne sont pas seulement individuelles ; elles sont aussi sociales et économiques, car, parmi de nombreuses conséquences nocives, la modification substantielle du QI due à l'insuffisance d'hormones thyroïdiennes, du fait de la pollution environnementale, conduira, selon Barbara Demeneix, à une baisse du nombre des personnes surdouées et une hausse catastrophique du nombre de personnes socialement dépendantes. Des découvertes récentes, et inattendues, ont en effet montré que l'hormone thyroïdienne est vitale aux premiers stades du développement cérébral, bien avant la naissance et en particulier pendant les trois premiers mois de la grossesse et que d'elle dépend le développement du cerveau de l'enfant à naître (Demeneix, 2016, 2017).

Or les produits chimiques présents dans notre environnement interfèrent avec les mécanismes particulièrement sophistiqués des organes qui nous permettent d'être en bonne santé, et induisent des pathologies graves ; précisément, ils modifient les niveaux d'hormones thyroïdiennes et brouillent les réactions génétiques et physiologiques pendant le développement de l'enfant, mais aussi à l'âge adulte. Par exemple, les PCB (polychlorobiphényles, qui sont des perturbateurs thyroïdiens), en dépit de l'interdiction dont ils ont fait l'objet dans de nombreux pays à la fin du XXe siècle, perdurent de façon massive dans notre environnement et contaminent l'air, l'eau et les aliments des populations du monde entier ; il est avéré que les plus forts niveaux d'exposition à ces produits ont été enregistrés dans des zones d'activité économique intense où de nombreux gratte-ciel nécessitent une consommation d'électricité accrue (Demeneix, 2016, 2017). L'énumération des composés chimiques qui altèrent la santé humaine et se retrouvent par exemple dans le lait maternel est proprement hallucinante. Même avant la naissance, l'enfant est contaminé par des quantités de produits dangereux. De nombreux rapports montrent qu'outre le lait maternel, des contaminants sont présents dans le liquide amniotique et le sang du cordon ombilical. Ainsi, lorsqu'il est le plus vulnérable, l'être humain est plongé dans un mélange sans précédent de composés chimiques d'origine industrielle, nocifs (Demeneix, 2016).

Les personnes appartenant aux générations nées dans les années 1940 et 1950 sont les premières à avoir été exposées à des doses significatives de composés chimiques après leur naissance ; les enfants nés entre la fin des années 1950 et les années 1970 sont sans doute les premiers à avoir été exposés à des mélanges *in utero* et, vingt ans plus tard, ils ont été les parents d'une deuxième génération d'enfants exposés, avant de naître, à un éventail de produits chimiques encore plus important, ainsi que le démontrent diverses études. Il faut savoir que, par exemple, la production de pesticides (dont la France est un des plus gros consommateurs européens) a été multipliée par sept entre 1950 et 2000 pour atteindre 3,5 millions de tonnes par an, et que les molécules utilisées restent présentes dans l'environnement pendant de nombreuses années après leur utilisation et leur dispersion (Demeneix, 2016).

Outre l'exposition intra-utérine et postnatale précoce, les principales sources de contamination pouvant affecter la croissance cérébrale dans les premières années de la vie sont la nourriture, l'air et les poussières domestiques contaminés par ces produits (dont font partie les retardateurs de flammes, très répandus dans les textiles). Les enfants sont donc exposés à d'importantes doses de mélanges complexes, issus de familles chimiques, à tous les stades de leur développement, dès la fécondation (Demeneix, 2016).

La biologiste ne se contente pas de faire le bilan des études qui apportent la preuve de la nocivité et de l'extension de la pollution chimique, en particulier en ce qui concerne les enfants, elle souligne qu'il est urgent de mettre en place des actions collectives pour contrer l'inaction des élus et des législateurs et la collusion des groupes de pression des industriels (Demeneix, 2016).

Le grave problème qui se pose en la matière provient du fait que cette très vieille espèce qui est la nôtre ne peut évaluer les dangers dus à la pollution qui l'entoure par le biais de ses cinq sens, pourvoyeurs d'illusions (Jacob, 2000) : ils ne nous permettent pas plus de détecter les produits nocifs de notre environnement qu'ils ne nous permettent de voir que le soleil ne se déplace pas. Leroi-Gourhan (1964) nous rappelle à ce propos que la paléontologie humaine et la préhistoire nous conduisent à constater que toute l'ascension des civilisations s'est faite avec le même homme physique et intellectuel qui guettait le mammouth et que notre culture électronique récente a pour support un appareil physiologique qui date de quarante mille ans. La contradiction est criante entre une civilisation aux pouvoirs presque illimités et un civilisateur dont l'agressivité est restée la même qu'au temps où tuer le renne avait le sens de survivre (Leroi-Gourhan, 1964). Nous sommes donc condamnés à nous en remettre aux scientifiques pour qu'ils nous expliquent les maux auxquels nous sommes exposés sans le voir et sans le savoir, condamnés donc à nous informer, c'est-à-dire nous trouver par là-même aussi exposés au mensonge, à la manipulation et aux risques qui nous menacent si nous n'avons pas accès à la science ou ne cherchons pas à accéder aux bonnes sources pour nous instruire.

On le voit, le retard pris à lutter contre la pollution chimique de même qu'à l'encontre du réchauffement climatique (sans compter que les deux phénomènes sont liés, répétons-le), souligne l'absence de volonté politique des gouvernements en place pour protéger les populations, protection qui apparaît comme la moindre de leurs préoccupations, ainsi que la pandémie de Covid 19 l'a montré, grandeur nature, à l'échelle mondiale quasiment (Péruisset-Fache, 2020).

Or s'il est un organe essentiel à la survie de l'individu, c'est bien le cerveau, de par son développement génétique et, soulignons-le, culturel grâce à l'éducation reçue. Or là aussi, le bât blesse.

4.2. Les carences de l'éducation au détriment des enfants.

Si la France a pu s'enorgueillir d'un système éducatif de premier ordre au début du XXe siècle, notamment grâce au dévouement de ceux que l'on a appelés « les hussards noirs de la République » (malgré l'exclusion des classes populaires de l'enseignement secondaire réservé à une élite jusqu'aux années 1960), tel n'est plus le cas : le système scolaire français s'est largement détérioré au grand désespoir de ceux qui en sont les piliers, les enseignants. Le philosophe Bernard Stiegler (2008) parle à ce propos de la faillite d'une société devenue structurellement incapable d'éduquer les enfants, l'éducation consistant en cette transmission de compétence sociale qui élève à la responsabilité, c'est-à-dire la majorité (entendue au sens de majorité mentale donc légale). Pour B. Stiegler, la responsabilité est en effet le trait définitoire de l'adulte.

La dégradation du système éducatif français ne s'est pas produite par hasard. Elle est le fruit de politiques budgétaires d'ordre libéral, et s'est inspirée du modèle américain des années 1950, pourtant fustigé par la philosophe Hannah Arendt (1954) pour l'aberration de ses méthodes, selon lesquelles le faire se substitue à l'apprendre et le jeu au travail en maintenant l'enfant plus âgé à un niveau infantile. La crise de l'éducation en Amérique a en effet surgi au sein d'une société de masse et en réponse à ses exigences ; c'est alors qu'elle annonce la faillite des méthodes modernes d'éducation (Arendt, 1954). La philosophe souligne que ce qui arrive dans un pays peut se passer partout ailleurs (nous y sommes depuis quarante ans) et que la crise de l'autorité qui se manifeste dans l'éducation à cette époque est étroitement liée à la crise de la tradition, c'est-à-dire à la crise de notre attitude envers tout ce qui touche au passé (Arendt, 1954).

Cette vision des choses conduit par conséquent le chercheur à interroger le concept (trompeur) de « modernisation » (la modernisation est par définition illimitée dans le temps, donc à jamais inachevée), notamment en matière d'éducation, concept manié à tort et à travers par le politique dans de nombreux domaines et utilisé comme prétexte à des transformations de grande envergure qui n'ont d'autres motivations qu'économiques voire stratégiques, aux fins de restrictions budgétaires, ainsi en l'occurrence que l'objectif concomitant, à terme, de la privatisation de l'école publique. Nous avons vu par ailleurs ce qu'il en est exactement (Péruisset-Fache, 2004, 2005, 2007).

Le modèle américain a été repéré par les chercheurs derrière l'évolution de l'enseignement secondaire français dans le dernier quart du XXe siècle. C'est ainsi que Nathalie

Bulle (Boudon, 2001) note que c'est avec soixante ans de décalage que, dans les années 1980, le système secondaire français présente des points communs forts avec l'orientation prise par le système américain des années 1920, alors que le constat d'échec de l'école américaine, dont le faible rendement éducatif au niveau de l'enseignement secondaire est un problème national, suffirait à rejeter à cet égard l'hypothèse de la modernisation. La sociologue en veut pour preuve l'importance prise par la notion de « compétence » au détriment des notions de « savoir » ou de « connaissance ». Elle souligne la tactique utilisée aux Etats-Unis par les nouveaux prophètes des sciences de l'éducation, qui consiste à discréditer les méthodes traditionnelles pour leur recours à la mémoire et à la logique, et à les faire passer pour passéistes et élitistes, au profit de méthodes dites modernes (Boudon, 2001).

En outre, en ce qui concerne les projets rampants de privatisation de l'école publique en France, c'est-à-dire de transformation de l'éducation en marchandise, les Etats-Unis s'avèrent un champ d'expérience remarquable à observer à tous les niveaux du système éducatif. De nombreuses écoles y sont maintenant aux mains de sociétés qui poursuivent un but lucratif et l'enseignement y est considéré comme un marché, visant évidemment les consommateurs solvables. En Grande-Bretagne, tout établissement public qui ne réussit pas à atteindre les normes fixées par le gouvernement est tout simplement vendu (Laval, 2003). La recherche a établi sans ambiguïté que le modèle anglo-saxon a notoirement fait faillite en matière d'instruction des générations montantes ; celui-ci inspire néanmoins nos zélés réformateurs et aboutit à l'enseignement de l'ignorance (Michéa, 1999).

Pour le philosophe Jean-Claude Michéa, les présents progrès de l'ignorance, loin d'être l'effet d'un dysfonctionnement regrettable de notre société, sont devenus au contraire une condition nécessaire de sa propre expansion.

Ce progrès de l'ignorance consiste en un déclin régulier de l'intelligence critique, c'est-à-dire de cette aptitude fondamentale de l'homme à comprendre à la fois dans quel monde il est amené à vivre et à partir de quelles conditions la révolte contre ce monde est une nécessité morale. Toutes les données disponibles établissent en effet que la jeunesse scolarisée est de plus en plus perméable aux différents produits de la superstition, que ses capacités de résistance intellectuelle aux manipulations médiatiques ou à l'embrigadement publicitaire diminue de façon inquiétante, et qu'une solide indifférence à la lecture des textes critiques de la tradition a pu lui être enseignée avec une efficacité remarquable au point que la question que pose le philosophe n'est pas « quel monde allons-nous laisser à nos enfants ? », mais « quels enfants allons-nous laisser au monde ? » (Michéa, 1999). Selon lui, sous la double invocation d'une démocratisation de l'enseignement, mensonge absolu, et de la nécessaire adaptation au monde moderne, ce qui se met en place depuis 1968, à travers toutes les réformes scolaires, c'est l'Ecole du capitalisme total (Michéa, 1999).

Pour sa part, Bernard Stiegler (2008) explique que le conflit entre « institutions » de programmes (comme l'Ecole) et « industries » de programmes (comme la télévision) a pour conséquences l'effondrement des établissements d'enseignement et la misère symbolique en lieu et place de la culture. En effet, les connaissances et les savoirs doivent être psychiquement assimilés par celui qui apprend et, ainsi, les fait siens c'est-à-dire soi, là où l'information est une marchandise faite pour être consommée, c'est-à-dire jetable, la saturation informationnelle désocialisant le consommateur d'information. L'apprentissage des disciplines par les institutions de programmes est la formation d'une attention à chaque fois spécifique aux objets de cette discipline, or les industries de programmes capturent cette attention en la détournant de ces objets institués que sont les objets de savoirs. Elles la détruisent en tant que faculté de connaître et expérience du savoir, donc en tant que raison (Stiegler, 2008).

Les travaux de Nico Hirtt (2000, 2001) montrent également que l'Ecole est désormais soumise à des critères de rentabilité et doit inculquer aux jeunes générations un respect des institutions fondé sur la conviction que nos régimes représentent le *nec plus ultra* en matière de démocratie, autrement dit l'Ecole doit être le lieu d'un dressage social ouvert sur le Marché et la privatisation. Gilbert Molinier (1999) explique pour sa part que l'enseignement, comme héritage des Lumières, a été progressivement, mais systématiquement détruit pour être remplacé par un enseignement adapté aux intérêts de l'économie néolibérale, par un formatage des esprits qui élimine toute pensée critique.

L'Ecole devrait aider les jeunes à se construire solidement, leur fournir les bases d'une instruction qui leur permette d'être armés pour défendre leurs droits, en conquérir de nouveaux, œuvrer collectivement à l'avènement d'une société plus juste. Or elle est instrumentalisée au service de la compétition économique (Hirtt, 2001). Jean-Pierre Le Goff (1999) note que les directions des entreprises considèrent les institutions chargées de la formation professionnelle et de l'enseignement comme des organismes de service adaptés à leurs propres besoins. Or appliqués à l'enseignement, la logique des compétences et ses outils d'évaluation érodent les finalités spécifiques de l'école dans un sens étroitement adaptatif et favorisent le développement d'un rapport utilitariste à la culture comme élément essentiel de ce qui fait l'humain. Une des missions primordiales de l'école est pourtant de transmettre aux jeunes un héritage, de les insérer dans cet héritage (Le Goff, 1999). Louis Legrand (1995) souligne que l'école est de plus en plus perçue comme une entreprise chargée de traiter des cohortes d'individus et de les conduire à des niveaux de formations matérialisés par des diplômes au point que l'échec scolaire finit par être considéré comme un dysfonctionnement économique (les sommes investies dans les systèmes éducatifs doivent être rentables, et les dispositifs internes sont désormais évalués à l'aune de cette rentabilité).

Christian Laval (2003) observe lui aussi que l'école néolibérale désigne un certain modèle scolaire qui considère l'éducation comme un bien essentiellement privé et dont la valeur est avant tout économique. La redéfinition de l'école comme entreprise au service des usagers dans laquelle la valeur centrale est l'efficacité sociale et économique valorise le côté gestionnaire au détriment de l'enseignement. Le managérisme remplace subrepticement l'humanisme comme système d'intelligibilité et de légitimité de l'activité scolaire. L'école néolibérale nie profondément la fonction culturelle de l'école. Non seulement l'imposition des valeurs d'utilité et d'efficacité est destructrice du modèle scolaire ancien, mais elle l'est même de la fonction anthropologique et historique de l'école, d'où la perte de repères et le malaise des enseignants et des élèves. L'éducation est pourtant au cœur de la logique du don et du contre-don entre générations, c'est cette logique qui fonde l'institution et lui donne son assise anthropologique. Or la logique éducative subit, du fait de la logique néolibérale, une désinstitutionalisation, une dévalorisation et une désintégration, qui préludent à une liquidation (Laval, 2003), et dont les jeunes font les frais. Ce n'est donc pas l'Ecole qui peut remédier au mal-être de la jeunesse, mais la culture humaniste qui leur manque et qu'elle est empêchée de leur transmettre.

Le professeur Stanley Greenspan (1998) souligne combien aux Etats-Unis, dont la société sert de modèle universel, malgré ses échecs patents pour le plus grand nombre (Laval, 2003), notamment en matière d'école publique ainsi que l'analyse Hannah Arendt (1954), parents et enfants se débattent dans des situations où un développement normal de ces derniers est impossible. S. Greenspan parle d'une gigantesque expérience sociale due à l'impossibilité pour les parents de prendre correctement en charge leurs enfants, à cause de la vie sociale agitée et tendue des couples où les deux partenaires exercent un métier, des difficultés des familles monoparentales et mononucléaires financièrement peu stables, de la prévalence de la télévision au sein de la vie familiale. Les adultes, souvent surmenés et fatigués ou préoccupés, élèvent à grand mal leurs enfants, ne leur donnant pas le temps ou l'attention nécessaires à une relation intime. Selon l'analyste, le rôle de parents devrait être considéré non comme un souci privé et un temps de distraction agréable après le travail, mais comme la mission essentielle, la plus difficile et la plus indispensable socialement qu'un adulte puisse remplir. Si, comme il le soutient ainsi que d'autres chercheurs, le lien affectif constitue le fondement de l'esprit humain et si l'essentiel de la tâche aussi difficile que magnifique d'élever un enfant est d'y pourvoir, l'éducation des enfants et la vie de famille doivent être placées au sommet de la hiérarchie des exigences contradictoires qui pèsent sur les individus quand, au contraire, les institutions sociales modernes et une grande part de la technologie qui les sous-tend menacent les conditions à partir desquelles se forgent l'intelligence, la compassion, la morale et la créativité (Greenspan, 1998).

Les sociologues observent que l'école a pour but de fabriquer un certain type d'homme, correspondant au modèle dominant dans une société donnée (Ballion, 1982), or l'enfant ne peut manquer de ressentir la pression insidieuse qui va s'exercer sur lui pour qu'il soit conforme (Le Goff, 1999). A cet égard, Nathalie Bulle note que le cheval de bataille du mouvement progressiste de la pédagogie américaine au début du XXe siècle est l'idée que ce qui importe en éducation n'est pas ce que les individus savent, mais le type d'individu produit (Boudon, 2001).

De fait, le modèle proposé à la jeunesse d'aujourd'hui en France (et dans le reste du monde occidental) est l'*homo oeconomicus* qui ressemble comme deux gouttes d'eau au prédateur mafieux criminel (Gayraud et Thual, 2012). Depuis les années 1970 d'ailleurs, le consommateur est présenté comme l'Homme universel, l'incarnation générale et définitive de l'Espèce Humaine, ainsi que l'analyse Jean Baudrillard (1970). Cet archétype humain factice, fabriqué, entre pourtant en contradiction frontale avec les graves préoccupations écologiques et sociales de notre temps. Mais il s'agit pour les puissants d'asseoir leur domination en neutralisant ce qui reste d'humain en l'homme et en transformant ce dernier en une sorte de robot (Péruisset-Fache, 2020). Le meilleur des mondes tel que le décrit Aldous Huxley en 1931 serait-il advenu, sauf si c'est celui de *1984*, décrit en 1949 par George Orwell ? Les Etats mafieux remplacent petit à petit les Etats de Droit, de l'Albanie à la Colombie, du Mexique à la Russie, et nous assistons à une profonde régression civilisationnelle (Péruisset-Fache, 2018).

On le voit, l'enfant se trouve au confluent de toutes les turpitudes de l'histoire humaine, y compris à l'époque contemporaine qui néanmoins se targue de vouloir protéger ses droits, vœu pieux que la réalité contredit jour après jour, à l'échelle mondiale, de même qu'elle contredit la Déclaration des Droits humains.

Tout se passe donc comme si, au lieu d'une éducation humaniste qui aide l'enfant à grandir en humanité, tout était fait pour que la confusion mentale s'installe dans les jeunes esprits. Cette stratégie criminelle entraîne un mal-être dont tous les indicateurs témoignent et qui fait le bonheur de l'industrie pharmaceutique.

4.3. Le mal-être des jeunes.

Dans un précédent ouvrage (Péruisset-Fache, 2020), nous nous demandions si le mal-être généralisé, qui atteint particulièrement les jeunes, n'est pas une défense, une réponse, une réaction, au changement de paradigme anthropologique opéré par le néolibéralisme qui engendre aussi le mal-vivre. Nous allons reprendre les grandes lignes de ce questionnement.

De fait, il semblerait que les jeunes soient assez mal préparés à affronter les difficultés de la vie dans un monde hédoniste et instable qui les utilise à des fins mercantiles, à leur insu. Le mal-être des adolescents fait l'objet de nombreux travaux (Montagner, 1994 ; Tubiana, 1995). La place qu'occupe, réellement et symboliquement, dans les nouvelles générations, la toxicomanie, autrement dit la production d'individus chimiquement assistés, en constitue un symptôme éloquent (Michéa, 1999). A. Ehrenberg (1995) note qu'en France, la drogue de masse se diffuse après mai 1968, sous l'influence de la contre-culture américaine. Elle symbolise alors la volonté de faire table rase des valeurs traditionnelles de la famille et de l'autorité. L'historien E. Hobsbawm (1999) souligne à cet égard que la transformation majeure qui ait eu lieu au XXe siècle est en effet la désintégration des anciennes formes de rapports sociaux et, avec elle, la rupture des liens entre les générations, c'est-à-dire entre le passé et le présent, phénomène particulièrement flagrant dans les pays les plus développés du capitalisme à l'occidentale, où prévalent désormais les valeurs d'un individualisme asocial absolu. Nous savons pourtant que l'homme, être social par essence, par naissance, et non par construction intellectuelle, est constitué par ses liens aux autres (Généreux, 2006), contrairement à la représentation fausse qu'en donne la doxa néolibérale, celle d'un individu atomisé qui préexisterait à la société, dans la lignée, erronée, du « bon sauvage » de Jean-Jacques Rousseau.

Bernard Stiegler (2008) indique que la souffrance de la jeunesse contemporaine résulte directement de la crise de la génération précédente, c'est-à-dire *grosso modo* la génération dite de « 68 » dont la crise d'adolescence était aussi une crise de civilisation, car la modernité était alors vécue comme ce qui conduisait à la réduction des existences au statut de subsistances, que ce soit comme producteurs ou comme consommateurs.

Selon Maurice Tubiana (1999), les jeunes Français sont parmi ceux qui consomment le plus de psychotropes et d'antalgiques ; selon l'âge, ils occupent le premier ou le troisième rang pour les difficultés d'endormissement et la consommation de somnifères. En ce qui concerne le tabac, souvent utilisé dans les situations de stress et considéré comme une drogue par l'OMS, en France le pourcentage de fumeurs à 18 ans est à la fin des années 1990 le plus élevé de l'Union européenne, environ 59 % des fumeurs des deux sexes, contre 20 % à 30 % dans les pays du Nord, Norvège, Suède, Finlande (Tubiana, 1999). Or, le tabac sévit dangereusement dans le monde entier grâce au marketing et au lobbying des fabricants (Proctor, 2014). Rappelons ici que pour Bernard Stiegler le but du marketing, cette technologie des *public relations*, technologie de pouvoir, est de contrôler des comportements de consommateurs, notamment en créant chez eux des besoins dont ils ignoraient l'existence. C'est ainsi qu'aux mains d'un psycho-pouvoir, s'engage le processus qui conduit à la destruction de l'appareil psychique juvénile et à la liquidation des relations intergénérationnelles. Ce psycho-pouvoir, qui a pour but exclusif la maîtrise planétaire des comportements, est détenu par les acteurs économiques soumis à la pression de leurs actionnariats (Stiegler, 2008).

Les médicaments sont utilisés pour remédier au mal-être : une étude de 1996 précise qu'en France, entre l'âge de 18 et 20 ans, 33,5 % des jeunes filles, soit un tiers de cette classe d'âge, consomment régulièrement des psychotropes (Molinier, 1999). Cela dit, mal pour un bien, la hausse massive de la consommation d'antidépresseurs a précédé et accompagné la chute des taux de suicide (Todd, 2020), tout en faisant le bonheur de l'industrie pharmaceutique.

La chimie vient donc au secours de jeunes (et de moins jeunes) dont un monde de confusion, construit et non advenu par hasard, a perturbé les repères.

4.4. Un monde de confusion.

Pour commencer, il est à noter que très vite après son arrivée au monde, si ce n'est dès la naissance, l'enfant évolue dans une « famille en miettes », car la famille contemporaine est mutante et protéiforme : familles biparentales, monoparentales, recomposées, dont la complexité entraîne, quoi qu'on en dise, une perte de repères sur un axe essentiel de l'identité de l'individu qu'est la parenté (Gaillard, 2001). Les familles recomposées ne constituent d'ailleurs pas de « grandes familles » où les échanges sont censés se multiplier (Vincent, 2001). La situation familiale des enfants ne risque-t-elle pas de s'aggraver encore avec la PMA ouverte à tous les couples sans exception et les risques involontaires d'inceste qui ne sont pas à exclure dans les cas de dons de gamètes ?

Boris Cyrulnik note que l'anthropologie a pourtant établi que les conditions susceptibles d'assurer à un enfant, dès la naissance et pour la vie, la meilleure santé physique et le meilleur équilibre mental possibles, sont étroitement et exclusivement dépendants du respect manifeste ou latent que chacun des deux parents marque à l'endroit de la loi de l'interdit de l'inceste (Héritier, Cyrulnik, Naouri, 2000). Même si les risques dus au don de gamète ne peuvent pas à proprement parler être assimilés à l'inceste, il n'en reste pas moins que le trouble existe. Il ne faut pas non plus oublier que les travaux anthropologiques menés à ce jour ont montré que le nom, l'identité qui marque la filiation et l'intégration dans le groupe, est l'élément fondamental qui constitue la personne en tant qu'être social (Héritier, 1996). En effet, la famille se définit par son histoire, son évolution, ses origines, ses événements marquants ; elle fonctionne comme un cadre de référence (Vincent, 2001).

A cet égard, notons l'analyse de Jean Baudrillard (1995) qui souligne que « *c'est tout d'abord le statut de la naissance qui est bouleversé (après celui de la mort, aujourd'hui méconnaissable en termes proprement humains). Insémination artificielle sous toutes ses formes, contrôle et manipulation génétiques partout ; se profile la substitution au destin naturel d'un destin artificiel de la naissance. Liquidation à terme d'une genèse familiale et sexuée, d'un engendrement psychique et biologique. C'est la fin de l'enfant comme porteur non seulement de la dualité d'un homme et d'une femme, mais de celle d'un passé et d'un futur, qui seule crée une mémoire. Du coup, l'enfant devient opérationnel, une performance technique et une projection identitaire, une prothèse miniature plutôt qu'un «autre» véritable. Une sorte de sous-produit d'un dédoublement incestueux, proche au fond de la scissiparité des protozoaires, et conçu comme une excroissance idéale à votre image. L'enfant-clone, qu'on envisage d'ailleurs de produire à partir de l'ADN d'une seule de vos cellules. Toute cette opération technique n'est pas pour demain, mais elle est déjà présente dans l'imaginaire scientifique et collectif, et jusque dans la relation des parents à leurs enfants* » (Baudrillard, 1995).

D'autre part, le travail des mères est aujourd'hui plus répandu que jamais, travail choisi pour seulement une minorité de femmes alors que contraint pour la majorité puisqu'un seul salaire ne suffit généralement pas, la faiblesse de la plupart des salaires masculins et notre mode de consommation poussant les femmes à chercher un emploi (Norvez, 1990 ; Riot-Sarcey, 1993 ; Terrail, 1995 ; Commaille et de Singly, 1997). Ce travail les prive de temps et de disponibilité d'esprit pour s'occuper sereinement de leurs très jeunes enfants. Le professeur Hubert Montagner pose d'emblée la question : « *A-t-on réfléchi à l'équilibre psychologique et physiologique, et aussi à l'efficacité professionnelle de ces mères qui courent après le temps, jusqu'à ne plus en disposer pour être attentives aux compétences de leurs enfants et développer avec eux des interactions qui forgent l'attachement mutuel ?* » (Montagner, 1994).

Il ne s'agit pas pour nous, loin de là, de prôner la clôture de la femme au sein du foyer, mais une chose est certaine, le travail des mères bouleverse, à l'insu de celles-ci ou à leur corps défendant, les rythmes biologiques des enfants : les enfants de 2 ou 3 ans qui sont véhiculés de nourrices en crèches pour permettre à leur mère d'aller au travail, manquent d'abord de sommeil. Ils sont réveillés pour aller chez la nourrice ou à l'école alors que leur nuit n'est pas terminée et qu'à ce moment-là, ils se trouvent souvent dans une phase de sommeil lent, important pour la croissance ; ils sont ensuite bousculés, préparés à la hâte sans pouvoir bénéficier, dans la sérénité, de moments de tendresse et de communication avec leurs parents, dont ils ont pourtant un besoin primordial. La même chose se passe avec les enfants de 6 ans que l'on mène à l'école. Placés dans la condition d'êtres-objets, les enfants de tous âges ne sont donc pas souvent vécus et reconnus comme des personnes qui organisent leur prise d'informations, agissent, communiquent, apprennent, pensent et créent, à leur initiative et selon leurs rythmes, dans le cadre de projets et de stratégies qui leur sont propres. Ils sont confinés dans des positions de spectateurs ou de suiveurs vis-à-vis de modèles sociaux de plus en plus complexes et difficiles à comprendre, impropres à développer leur intelligence, et à mobiliser leurs compétences (Montagner, 1994). Ils sont robotisés. Le manque de sommeil semble être plus particulièrement une caractéristique des enfants des villes ; dans les zones rurales, les enfants dorment en moyenne vingt minutes de plus chaque nuit (Testu et Fontaine, 2001). Pour autant, les mères qui donnent leurs enfants à garder, voire les deux parents, ne sont pas épargnés par un fort sentiment de culpabilité à l'égard de leurs petits, pour cette raison même (Fagnani, 2000).

D'autre part, si les deux parents représentent pour l'enfant, dès son arrivée au monde, des figures d'attachement, le fréquent éclatement de la famille aboutit à ce qu'un grand nombre de pères se désintéressent vite de leur progéniture et disparaissent de la vie quotidienne de l'enfant. Nous avons vu plus haut la fréquence des divorces. De nombreux couples vivent en concubinage, mais cela simplifie et favorise la multiplication des séparations. Seulement 12 % des pères divorcés non gardiens voient leurs enfants au moins une fois par semaine, et environ 50 % des pères divorcés et 70 % des pères séparés après une union libre ne voient plus ou seulement très rarement leurs enfants après leur séparation (Roussel, 2001). Les enfants peuvent-ils sortir indemnes de tant d'indifférence et de négligence ? Leur compréhension du monde qui les entoure n'en subit-elle pas des dommages irréparables, en plus des autres maux qui les affectent (impact des produits chimiques répandus dans l'environnement, impact de l'exposition aux écrans que nous allons aborder plus amplement ci-dessous) ?

Nous savons en effet, grâce aux travaux de Françoise Héritier (1996), que les données biologiques sont à l'origine des catégories cognitives, opérations de classement, opposition, qualification, hiérarchisation, grilles où le masculin et le féminin se trouvent enfermés. En effet, tous les êtres vivants catégorisent leur « ensorcellement » (celui de subir le biotope structuré par la nature et le milieu réglé par les récits des autres), en couples d'opposés. Les catégories perceptuelles sont binaires comme toute pensée à ses débuts ; ainsi le réel cesse d'être pur chaos (Cyrulnik, 1997). La déstructuration de la famille originelle induit sans aucun doute une forme de chaos dans les jeunes esprits.

Outre le manque de temps consacré aux enfants par leur famille, la télévision vient saper un peu plus les conditions éducatives supposées au sein de la vie familiale. Nous avons évoqué par ailleurs le rôle délétère que les écrans jouent sur le psychisme des enfants. Reprenons cette analyse qui ne saurait être éludée.

Après bien d'autres chercheurs, Louis Roussel (2001) qualifie la télévision de prédatrice dans la mesure où elle opère sur l'enfant au moyen de la séduction et le rend captif, d'autant qu'elle est au cœur de son horaire journalier ; elle l'abreuve de violence et d'érotisme par le truchement des films ou de la publicité, ce qu'ont également souligné Popper et Condry (1994).

En France, dans près de 40 % des foyers, la télévision reste allumée du matin au soir et la consommation quotidienne, par foyer, atteint près de 5 h 40 min. Un écolier du primaire passe plus de temps devant la télévision que face à son instituteur (Durning, 1995 ; Desmurget, 2011). Or, en ce qui concerne les enfants, de nombreuses études dénoncent l'impact négatif de la télévision sur l'attention, les facultés d'apprentissage et la réussite scolaire à long terme (Desmurget, 2011).

D'aucuns parlent de laminage des enfants par la télévision, car ceux-ci se retrouvent souvent devant l'écran avant même de parler, dans un espace familial où se déverse un flux ininterrompu d'images bruyantes qui met en péril la transmission générationnelle de l'aptitude à parler, d'un discours fait de récits, de croyances, de noms propres, de généalogie, de rites, d'obligations, de savoirs, de rapports sociaux, de sorte que celui à qui l'on s'adresse puisse à son tour s'identifier dans le temps (maintenant), dans l'espace (ici), comme soi (je) et, à partir de ces repères déictiques, convoquer dans son propre discours le reste du monde. Or dans le cas où les repères symboliques de temps, d'espace et de personne ne sont pas bien fixés, la télévision risque d'éloigner encore plus le sujet de la maîtrise de ces catégories symboliques d'espace, de temps et de personne.

Elle brouille la perception du sujet, ajoute à la confusion symbolique et aux déchaînements fantasmatiques, fabrique un individu soustrait à la fonction critique, et susceptible d'une identité flottante, capté par l'univers marchand et le capitalisme total. Mais l'individu sans repères constitue le consommateur idéal pour le néolibéralisme (Dufour, 2001).

Le théoricien de l'information Abraham Moles (1958) explique à cet égard que chaque individu possède une limite maximum d'appréhension de l'information N° par instants élémentaires et qu'un message qui contiendrait trop d'information et dépasserait cette capacité d'appréhension serait perçu comme pur bruit. C'est donc à du bruit inintelligible que le jeune enfant, voire le bébé, est exposé aux heures d'éveil (et peut-être même durant son sommeil) dans son milieu familial. Or 80 % des enfants de 4 à 10 ans sont seuls devant l'écran de télévision, et 75 % des programmes regardés par les enfants sont destinés aux adultes, sans qu'il y ait de contrôle ou d'interaction des parents. En outre, 75 % des enfants de 6 à 10 ans consomment des produits promus par la télévision (Tubiana, 1999), ce qui traduit l'impact de la publicité sur leur psychisme. Sandrine Vincent (2001) rappelle combien le « vu à la télé », parfaitement et absurdement autoréférentiel, est utilisé comme argument de vente, en matière de jouets. Ce « vu à la télé » est aussi destiné à inciter d'autres consommateurs à l'achat de n'importe quel produit sous la pression de conformité (Stiegler, 2008) et on ne dira jamais assez quelle négation de l'intelligence et de l'esprit critique cet argument de vente sous-entend chez l'acheteur potentiel.

Les recherches scientifiques les plus récentes confirment les répercussions de la consommation cathodique sur l'obésité, le développement des troubles attentionnels, l'éclosion de comportements agressifs, l'émergence de valeurs sociales consuméristes et l'apparition de conduites sanitaires à risques (tabac, alcool, sexualité non protégée, drogues, etc.). La télévision et les autres médias électroniques influencent négativement le bien-être mental et physique des enfants. Un solide corpus expérimental montre que le petit écran accroît l'impulsivité comportementale et cognitive des enfants, tout en diminuant leur propension à la persévérance, leur appétence pour les tâches intellectuellement exigeantes et leurs capacités de concentration. Depuis plus de quarante ans, nombre d'auteurs ont souligné le rôle central des formats audiovisuels rapides dans l'émergence de troubles attentionnels chez l'enfant et l'adolescent (Desmurget, 2011).

Dany-Robert Dufour (2001) explique que la fabrique du nouveau sujet « post-moderne », non critique et « psychotisant » résulte d'une entreprise redoutablement efficace au centre de laquelle on trouve deux institutions majeures vouées à la fabrique de ce nouveau sujet : la télévision, et une nouvelle école considérablement transformée par trente ans de réformes dites « démocratiques » qui ont toujours été dans le sens de l'affaiblissement de la fonction critique. A la source de cette mutation anthropologique, on trouve le néolibéralisme qui ne vise pas seulement la destruction des instances collectives construites de longue date (famille, syndicats, partis, et plus généralement culture), mais aussi celle de la forme individu-sujet apparue au cours de la longue période moderne (Dufour, 2001). Dans ce contexte, la télévision opère sur un terrain bien souvent déjà préparé par les conditions environnementales du développement biologique de l'enfant, ainsi que nous l'avons vu.

En ce qui concerne les capacités d'attention, de concentration et, plus globalement, les capacités intellectuelles des enfants, les biologistes ont précisément mis en évidence l'impact négatif de la pollution chimique de leur environnement sur leur développement cérébral, à cause de l'incidence de cette pollution sur le développement des hormones thyroïdiennes, nous l'avons évoqué plus haut.

Augmentation spectaculaire des cas d'autisme, baisse du QI, hyperactivité, troubles de la mémoire, obésité, troubles mentaux, crétinisme, impulsivité, cancer, diabète, modifications épigénétiques transgénérationnelles à long terme sont autant de risques avérés auxquels les générations d'aujourd'hui sont implacablement soumises sur le long terme à cause de la pollution chimique de l'environnement, à l'échelle mondiale. Or une donnée remarquable de la science met en évidence que plus un événement néfaste se produit tôt, plus ses effets sont susceptibles d'être amplifiés au fur et à mesure du processus de développement de l'individu (Demeneix, 2016, 2017).

Manque de sommeil, manque de tendresse et de communication imputable au manque de temps des parents (qui trouveront néanmoins chaque jour celui de suivre les inanités de la télévision des heures durant), familles disloquées, imprégnation des jeunes cerveaux par le bruit et les images labiles de la télévision, capacités intellectuelles hypothéquées, diminuées, dès la conception, par la pollution chimique de l'environnement, tout concourt à rendre chaotiques et confuses les représentations que les enfants se font du monde dans lequel ils sont propulsés, monde chaotique par lui-même du fait des apprentis-sorciers que sont les industriels et les responsables politiques qui leur sont inféodés. Tout se passe comme si, dès avant leur naissance, nos enfants étaient drogués, drogués par les produits chimiques présents dans l'environnement, drogués par les effets toxiques des médias de masse à cause d'une utilisation incontrôlée et addictive.

Et nous n'évoquerons que pour mémoire la pollution nucléaire (Delfour, 2014). Ce que Jean-Jacques Delfour (2014) écrit à propos du nucléaire (« *la bataille contre le nucléaire n'est pas issue d'un radicalisme écologique fanatique, mais du simple devoir que tout adulte a envers ses enfants, les enfants des autres, envers ses prochains, envers les générations futures* ») peut être dit aussi à propos de tout ce qui vient gravement perturber le développement de l'enfant du fait de son environnement, et l'empêche de devenir un humain adulte capable de construire le cosmos de la pensée en face du chaos du monde, de participer à une société plus juste, plus pacifique, une société qui donne aux enfants toutes les chances, en se souvenant que toutes les sociétés sont des constructions en face du chaos (Berger et Luckmann, 1992) et que l'espèce humaine ne saurait vivre comme si, ayant effacé le passé, son histoire commençait aujourd'hui, un aujourd'hui sans cesse renouvelé.

Conclusion.
Les droits de l'enfant, de la lettre à l'esprit ; de l'état de fait à l'Etat de Droit

Toutes les sociétés ont construit une représentation de l'enfant en fonction de leurs intérêts propres, le concept d'« enfant » ne référant pas à la même réalité selon les lieux et les époques. Il apparaît cependant, à la lumière de l'histoire, que le statut de l'enfant a le plus souvent consisté à traiter ce dernier comme un objet plutôt qu'un sujet en devenir, celui auquel une société doit le meilleur d'elle-même selon l'idéal promu depuis les années 1990 par la Convention sur les droits de l'enfant, si peu connue et encore moins respectée.

Il apparaît aussi qu'à toutes les époques, l'enfant s'est majoritairement trouvé, d'une façon ou d'une autre, sous l'emprise de l'économie, longtemps comme producteur (le paroxysme de cette exploitation étant atteint dans la première phase de la Révolution industrielle, sauf si l'avenir leur réserve pire) et, depuis plus d'une cinquantaine d'années maintenant, comme consommateur ou prescripteur de consommation, surtout dans la société occidentale, polluée entre autres par la publicité et la communication en tout genre (autrement dit, le mensonge).

Mais, nous l'avons vu, dans une telle société de prédation, l'enfant est aussi, hélas, parfois devenu denrée consommable ou simple actif financier, tache honteuse et ineffaçable sur les monstres qui se livrent à ces trafics et détruisent de jeunes vies qui ne demandaient qu'à faire confiance à l'humanité et semblent bien oubliées par les systèmes judiciaires du monde. La réalité montre qu'il y a loin de la lettre à l'esprit, de l'idéal à la réalité, pour ce qui concerne les Droits de l'Enfant (de même qu'en matière de Droits de l'Homme).

Dans les sociétés traditionnelles, la participation des enfants aux travaux qui permettent la survie de la famille ou de la communauté s'expliquent, étant donné l'immense précarité de la majorité des humains sur la longue durée ; au contraire, à partir de la Révolution industrielle, les enfants des classes populaires sont utilisés comme main-d'œuvre à bon marché, rouages d'une gigantesque machinerie et d'un système de destruction massive d'humains et de ressources, pour le plus grand profit des capitalistes, infime minorité sans états d'âme, adorateurs du Dieu argent.

Aujourd'hui, la doxa tend à nous faire croire qu'en Occident, les enfants ont atteint, grâce au meilleur niveau de vie moyen global et à l'obligation scolaire, le statut d'enfants-rois, malgré l'aggravation notoire de la précarité et de la pauvreté dans les pays les plus riches du monde. Or nous avons vu que si, en France du moins, la place de l'enfant dans la famille a évolué et s'il est devenu un être plus précieux dès le XVIIIe siècle, cette situation est toute relative. Certes, les mentalités semblent commencer à changer à cette époque (si on en croit les tableaux de Mme Vigée-Lebrun, par exemple), au moins dans les familles aisées, mais il s'agit de l'arbre qui cache la forêt, puisque l'utilisation éhontée des enfants pauvres va perdurer en France pendant tout le XIXe siècle (il suffit de lire Victor Hugo) jusqu'aux années 1880 qui voient advenir les lois Jules Ferry sur l'école obligatoire pour les garçons et les filles, notamment pour les besoins des administrations et des industriels et non par pure philanthropie comme on le croit souvent (Bourdieu, 1982 ; Péruisset-Fache, 2002). Néanmoins, il faut souligner que si, en 1892, fut interdit le travail des enfants d'âge scolaire, celui-ci continua clandestinement et on le payait alors 10 à 25 % du taux habituel (Goubert, 1984).

Ces lois vont néanmoins apporter un grand changement dans la société et, effet secondaire notoire, vont contribuer, provisoirement, à ce que les enfants des classes populaires accèdent à une instruction non négligeable, émancipation dont les fruits se feront sentir jusqu'après la deuxième guerre mondiale. Le programme du Conseil de la Résistance et la portée du « baby-boom », explosion des naissances au sortir de la Deuxième Guerre mondiale, entraîneront une certaine démocratisation de l'enseignement secondaire jusque-là réservée, il faut bien le dire, à une élite quelque peu nuancée néanmoins de mixité sociale. Cela dit, nous l'avons vu, au bout de quelques décennies, cette démocratisation se transforme en massification et aboutit peu à peu, dès les années 1990, à « l'enseignement de l'ignorance », le système scolaire passant au deuxième rang derrière la télévision, qui le parasite efficacement, dans l'emploi du temps et la formation des jeunes, laquelle devient dès lors « formatage » plus poussé à la société de consommation. De plus, la télévision exerce alors une influence grandissante sur l'Ecole et les méthodes pédagogiques. En outre, les réformes du système scolaire français s'inspirent dès les années 1980 des méthodes américaines des années 1920 (de sous-financement aussi bien que pédagogiques) bien qu'il soit avéré que ces dernières ont fait faillite, et contribué à sinistrer l'Ecole publique aux Etats-Unis.

Mais encore, soumis à des expériences délétères grandeur nature, le cerveau du jeune enfant est d'emblée perturbé, voire déréglé, dans son fonctionnement biologique, dès la conception, par les produits toxiques que l'industrie chimique déverse impunément depuis des années, notamment depuis la Seconde Guerre mondiale, dans l'environnement où ils perdurent (à l'échelle mondiale). Non seulement le monde où arrive l'enfant se présente comme de plus en plus pollué, de plus en plus invivable, mais encore ce chaos devient toujours plus indéchiffrable pour des cerveaux où de mauvaises conditions de développement ont hypothéqué le QI de l'enfant, voire établi la confusion que continue d'aggraver l'exposition aux écrans dès le plus jeune âge.

La puissance des lobbies industriels et leur influence sur les décideurs, inféodés surtout par le biais de l'argent distribué dans le cadre des campagnes électorales, aux Etats-Unis (Robin, 2009), mais aussi en France (Cagé, 2018) ne laisse pas augurer d'un monde plus écologique, plus humaniste et simplement plus humain, dont bénéficieraient les générations à venir, malgré toutes les promesses annoncées de changement et de transition écologique, comme par exemple au moment de la pandémie de Covid 19, par le Président de la République française. Il faudrait pour y parvenir un Etat de droit plus fort à l'égard de toutes les infractions à la loi censée protéger les faibles, que ces infractions soient financières, fiscales (le « séparatisme » aujourd'hui galvaudé est surtout fiscal), ou environnementales. L'Etat de Droit devrait donc se donner les moyens de lutter efficacement contre le fait accompli et de le sanctionner, c'est-à-dire s'en remettre à une Justice mieux dotée qu'elle ne l'est à l'heure actuelle pour combattre toutes les formes de corruption, mieux protéger les citoyens, et surtout mieux protéger leurs enfants, si l'espèce humaine doit avoir un avenir.

Aussi longtemps que rien n'est fait pour améliorer la situation prévisible des générations futures et leur éducation, on est en droit de se demander où nos contemporains en âge de procréer trouvent l'optimisme qui permet d'envisager la naissance d'un enfant dans pareil monde, sinon dans l'inconscience et le déni de la réalité.

Pour ne pas conclure cette étude sur une note trop pessimiste, nous ajouterons que si les situations contemporaines dramatiques que nous avons évoquées ne sont pas nécessairement les plus répandues, elles n'en sont pas pour autant moins vraies et moins révoltantes et se développent de manière exponentielle. Ce livre a pour but de les dénoncer avec force ; il en va de l'honneur de l'humanité, de sa santé, de sa liberté et surtout de sa survie.

Bibliographie

ALBERT M., 2003, *Après le capitalisme, Eléments d'économie participaliste*, Agone.

ANATRELLA T., 2001, *La liberté détruite*, Flammarion.

ANGELO D., 1998, *La publicité clandestine*, Legicom 1998/1 n° 16, pages 55 à 61, Cairn, en ligne.

ARENDT H., 1954, *La crise de la culture*, Folio.

ARIES P., 1975, *L'enfant et la vie familiale sous l'Ancien-Régime*, Seuil.

BADINTER E., 1980, *L'amour en plus*, Champs-Flammarion.

BALLION R., 1982, *Les consommateurs d'école, Stratégies éducatives des familles*, Stock.

BAUDRILLARD J., 1970, *La société de consommation*, folio essais.

BAUDRILLARD J., 1972, *Pour une critique de l'économie politique du signe*, Gallimard.

BAUDRILLARD J., 1995, « *Le continent noir de l'enfance* », *in* Libération, 16 octobre 1995.

BEAUD M., 2000, *Le basculement du monde, De la Terre, des hommes et du capitalisme*, La Découverte Poche Essais.

BECCHI E. et JULIA D., 1998, *Histoire de l'enfance en Occident*. Tome 1. *De l'Antiquité au XVIIe siècle*, Seuil.

BECCHI E. et JULIA D., 1998, *Histoire de l'enfance en Occident*. Tome 2. *Du XVIIIe siècle à nos jours*, Seuil.

BELKAÏD A., 2020, *La face honteuse du métal bleu*, Le Monde diplomatique, Juillet 2020, page 21.

BERGER P., et LUCKMANN T., 1992, *La construction sociale de la réalité,* Méridiens-Klincksieck.

BILLETER J.-F., 2019 a, *Chine trois fois muette*, Editions Allia.

BILLETER J.-F., 2019 b, *Demain l'Europe*, Editions Allia.

BOLTANSKI L. et CHIAPELLO E., 1999, *Le nouvel esprit du capitalisme*, nrf essais, Gallimard.

BOUDON R., BULLE N., CHERKAOUI M., 2001, *L'inégalité des chances*, Armand Colin.

BOURDIEU P., 1982, *Ce que parler veut dire, L'économie des échanges linguistiques*, Fayard.

BOYER P., 2001, *Et l'homme créa les dieux, Comment expliquer la religion*, Robert Laffont.

BRETON P., 1997, *La parole manipulée*, La Découverte.

BRIL B. et LEHALLE H., 1988, *Le développement psychologique est-il universel ?*, PUF.

BRISSET C., 1997, *Un monde qui dévore ses enfants*, Liana Levi.

BROCA S., 2020, *Le numérique carbure au charbon*, Le Monde diplomatique, Juillet 2020, page 3.

BURGUIERE A., 1972, *De Malthus à Max Weber : le mariage tardif et l'esprit d'entreprise*, Persée, Annales 1972 pages 1128 à 1138 (en ligne).

CAGÉ J., 2018, *Le prix de la démocratie*, fayard.

CANFORA L., 2003, *L'imposture démocratique Du procès de Socrate à l'élection de G.W. Bush*, Flammarion.

CANFORA L., 2006, *La démocratie, Histoire d'une idéologie*, Seuil.

CARSON R., 1962, *Silent Spring.*

CHAPOUTOT J., 2020, *Libres d'obéir, Le management du nazisme à aujourd'hui*, nrf essais.

CHARBIT Y., 2006, *Les colonies françaises au XVIIe siècle : mercantilisme et enjeux impérialistes européens*, REMI (Revue Européenne des Migrations Internationales) volume 22, n° 1/2006, pages 183-199, (en ligne).

CHESNEAUX J., 1996, *Habiter le temps*, Bayard éditions.

CHOMBART DE LAWE M.-J., 1971, *Un monde autre : l'enfance. De ses représentations à son mythe*, Payot.

CLOUSCARD M., 1996, *Les métamorphoses de la lutte des classes. Pour une alternative progressive*, Le Temps des Cerises.

COMMAILLE J. et de SINGLY F. (dir.), 1997, *La question familiale en Europe*, L'Harmattan.

CORM G., 2010, *Le nouveau gouvernement du monde, idéologies, structures, contre-pouvoirs*, La Découverte.

CUNNINGHAM H., 2006, *The Invention of Childhood*, BBC Books.

DEBORD G., 1992 a, *La société du spectacle*, Folio-Gallimard.

DEBORD G., 1992 b, *Commentaires sur la société du spectacle*, Gallimard.

De BOYSSON-BARDIES, B., 1996, *Comment la parole vient aux enfants*, Editions Odile Jacob.

DELAUNAY J.-C., 1999, *La mondialisation en question,* L'Harmattan.

DELFOUR J.-J., 2014, *La condition nucléaire, Réflexions sur la situation atomique de l'humanité*, Editions L'échappée.

DELPECH T., 2005, *L'ensauvagement*, *Le retour de la barbarie au XXIe siècle*, Grasset.

DELZANT C., 1912, *Le travail de l'enfance dans les verreries*, in Agone, 2016/, n° 58, pages 175 à 194, CAIRN.INFO (en ligne).

DEMENEIX B., 2016, *Le cerveau endommagé. Comment la pollution altère notre intelligence et notre santé mentale*, Odile Jacob sciences.

DEMENEIX B., 2017, *Cocktail toxique. Comment les perturbateurs endocriniens empoisonnent notre cerveau*, Odile Jacob.

DESCOLA P., 2005, *Par-delà nature et culture*, nrf Gallimard.

DESMURGET M., 2011, *TV LOBOTOMIE, La vérité scientifique sur les effets de la télévision*, J'ai Lu.
D'HOMBRES M et PONS C., 2015, *Capverdiens, L'archipel par ses habitants*, REF.2C éditions.
DIXON K., 2003, *La Mule de Troie, Blair, l'Europe et le nouvel ordre américain*, éditions du croquant.
DUBY et PERROT dir, 2002, *Histoire des femmes en Occident*, tempus Perrin.
DUFOUR D.-R., 2001, « *Malaise dans l'éducation, La fabrique de l'enfant 'post-moderne'* » *in* Le Monde diplomatique, novembre 2001, pages 10-11.
DURNING P., 1995, *Education familiale, Acteurs, processus, enjeux*, PUF.
EHRENBERG A., 2000, *La fatigue d'être soi. Dépression et société*, Poches Odile Jacob.
FAGNANI J., 2000, *Un travail et des enfants, Petits arbitrages et grands dilemmes*, Bayard Editions.
FARGE A., 2019, *Vies oubliées. Au cœur du XVIIIe siècle*, La Découverte, A la source.
FOUCAULT M., 1984, *Histoire de la sexualité, I. La volonté de savoir, II. L'usage des plaisirs, III. Le souci de soi*, tel gallimard.
GAILLARD J.-M., 2001, *La famille en miettes*, Sans.
GAYRAUD J.-F. et THUAL F., 2012, *Géostratégie du crime*, Odile Jacob.
GENEREUX J., 2006, *La dissociété*, Seuil.
GENEREUX J., 2010, *La grande régression*, Seuil.
GENEREUX J. ? 2016, *La Déconnomie*, *Quand l'empire de la bêtise surpasse celui de l'argent,* Seuil.
GEORGE S., 2000, *Le rapport Lugano*, Fayard.
GEORGE S., 2004, *Un autre monde est possible si…*, Fayard.
GEORGESCU-ROEGEN N., 1995, *La Décroissance*, Sang de la Terre.
GOUBERT P., 1984, *Initiation à l'histoire de la France*, Fayard-Tallandier.

GREENSPAN S., 1998, *L'esprit qui apprend. Affectivité et intelligence*, Odile Jacob.

GREVEN H. A., 1982, *La langue des slogans publicitaires en anglais contemporain*, PUF.

GUILAINE J. et ZAMMIT J., 2001, *Le sentier de la guerre, Visages de la violence préhistorique*, Seuil.

HERITIER F., 1996, *Masculin/féminin, La Pensée de la différence*, Odile Jacob.

HERITIER F., CYRULNIK B., NAOURI A., 2000, *De l'inceste*, Poches Odile Jacob.

HIRATA H. et SENOTIER D. (dir.), 1996, *Femmes et partage du travail*, Syros.

HIRTT N., 2000, « *A l'ombre de la table ronde des Industriels. La politique éducative de la Commission européenne* » *in* Cahiers d'Europe n° 3, pages 14 à 20.

HIRTT N., 2001, *L'école prostituée. L'offensive des entreprises sur l'enseignement*, Editions Labor, Bruxelles.

HOBSBAWM E.J., 1999, *L'âge des extrêmes, Histoire du court XXe siècle*, Editions Complexe Le Monde diplomatique.

HUGO V., 1856, *Les Contemplations*.

INSEE, 2019, *Estimation avancée du taux de pauvreté et des indicateurs d'inégalités*, Insee Analyses n° 49, 16/10/2019.

JACOB F., 2000, *La Souris, la Mouche et l'Homme*, Poches Odile Jacob.

JACQUARD A., 2000, *A toi qui n'es pas encore né(e), Lettre à mon arrière-petit-enfant*, Le livre de poche.

JARRIGE F. et LE ROUX T., 2017, *La contamination du monde, Une histoire des pollutions à l'âge industriel*, Seuil.

JENSON J. et SINEAU M. (dir.), 1998, *Qui doit garder le jeune enfant ? Modes d'accueil et travail des mères dans l'Europe en crise*, LGDJ.

JONAS N., 2007, *La famille*, Editions Bréal.
LATOUCHE S., 1993, *La planète des naufragés. Essai sur l'après-développement*, La Découverte.
LAVAL C., 2003, *L'école n'est pas une entreprise*, La Découverte.
LAVAL C. et WEBER L, 2002, *Le nouvel ordre éducatif mondial, OMC, Banque mondiale, OCDE, Commission européenne*, Syllepse.
LEBRUN F., 1981, *Histoire de l'enseignement et de l'éducation en France,* Tome II, *De Gutenberg aux Lumières*, Nouvelle Librairie de France.
LEGENDRE P., 1992, *Les enfants du Texte, Etude sur la fonction parentale des Etats Leçon VI*, Fayard.
LEGENDRE P., 1999, *Sur la question dogmatique en Occident,* Fayard.
LE GOFF J., 1999, *La barbarie douce. La modernisation des entreprises et de l'école*, La Découverte.
LEGRAND L., 1995, *Les politiques de l'éducation*, Que Sais-Je ? puf.
LENOIR Y., 2016, *La comédie atomique, L'histoire occultée des dangers et des radiations*, La Découverte.
MALM A., 2019, *L'anthropocène contre l'histoire. Le réchauffement climatique à l'ère du capital*, La Fabrique éditions.
MARIS B., 2003, *Anti manuel d'Economie*, Tome 1, Editions Bréal.
MARIS B., 2006, *Anti manuel d'Economie*, Tome 2 *Les Cigales*, Editions Bréal.
MARMOT M. 2020, « *Austérité, la grande faucheuse* », *in* Le Monde diplomatique, avril 2020, pages 18-19.
MAYAFFRE D., 2004, *Paroles de président, Jacques Chirac (1995-2003) et le discours présidentiel sous la Ve République*, Honoré Champion.

MAZOYER F., 2001, « *L'irrésistible perversion du besoin, Consommateurs sous influence* », *in* Le Monde diplomatique, février 2001.
MEADOWS D., MEADOWS D., RANDERS J., 2012, *Les Limites à la Croissance (dans un monde fini)*, Rue de l'échiquier.
MEDA D., 1999, *Qu'est-ce que la richesse ?*, Alto Aubier.
MICHEA J.-C., 1999, *L'enseignement de l'ignorance et ses conditions modernes*, Climats.
MIÑANO L. 2020, *Les enfants disparus de Roissy*, Mediapart, 29 juillet 2020.
MISSIKA J.-L. et WOLTON D., 1983, *La folle du logis, La télévision dans les sociétés démocratiques*, Gallimard.
MOLES A., 1958, *Théorie de l'information et perception esthétique*, Flammarion.
MOLINIER G., 1999, *La gestion des stocks lycéens, Idéologies, pratiques scolaires et interdit de penser*, L'Harmattan.
MONTAGNER H., 1994, *L'enfant acteur de son développement*, Stock.
NOIRIEL G., 2018, *Une histoire populaire de la France. De la guerre de Cent Ans à nos jours*, Agone.
NORMAND J.-L., 2020, *1789 : l'année déiste (Le futur a commencé hier)*, Imprimerie Mouturat, Flers.
NORVEZ A., 1990, *De la naissance à l'école. Santé, modes de garde et pré-scolarité dans la France contemporaine*, INED.
PACKARD V., 1989 (1ère publication, 1957), *La Persuasion clandestine*, Calmann-Lévy.
PARR J., 1980, *Labouring children, British Immigrant Apprentices to Canada 1869-1924*, Croom Helm, London, McGill-Queen's University Press, Montreal.
PASSET R., 2000, *L'illusion néo-libérale*, Fayard.
PEILLON A., 2014, *Corruption*, Seuil.

PERUISSET-FACHE N., 1999, *La logique de l'échec scolaire, Du rapport au langage I*, L'Harmattan.

PERUISSET-FACHE N., 2000, *L'éducation : droits, devoirs et pouvoirs des parents, Du rapport au langage II,* L'Harmattan.

PERUISSET-FACHE N., 2001, *Etre mère aujourd'hui : mythe, réalité, enjeux et perspectives, Les aléas de la transmission du langage*, L'Harmattan.

PERUISSET-FACHE N., 2002, *Professeures, l'Etat c'est vous !* L'Harmattan.

PERUISSET-FACHE N., 2003, *Capitalisme, nature, cultures,* L'Harmattan.

PERUISSET-FACHE N., 2004, *Ecole en débat : le baroud d'honneur ?* L'Harmattan.

PERUISSET-FACHE N., 2005, *La modernisation de l'école, Appel à la résistance*, L'Harmattan.

PERUISSET-FACHE N., 2007, *L'éducation d'*homo sapiens*, Du savoir à la sagesse*, L'Harmattan.

PERUISSET-FACHE N., 2009, *Aux sources de l'image, Petit traité d'iconopoiétique*, L'Harmattan.

PERUISSET-FACHE N., 2012, *L'humanisme et l'espoir*, L'Harmattan.

PERUISSET-FACHE N., 2014, *Pouvoirs, impostures, Du mensonge à l'encontre des peuples*, L'Harmattan.

PERUISSET-FACHE N, 2015, *La bourse ou la vie, Réflexions sur les valeurs contemporaines,* L'Harmattan.

PERUISSET-FACHE N., 2016, *La vraie vie est absente, Regard anthropologique sur notre monde*, L'Harmattan.

PERUISSET-FACHE N., 2018, *Civilisation, j'écris ton nom*, L'Harmattan.

PERUISSET-FACHE N., 2019, *Sacrifices humains, Une histoire de la prédation sociale*, L'Harmattan.

PERUISSET-FACHE N., 2020, *Que sont les humains devenus ?* L'Harmattan.
PIKETTY T., 2013, *Le capital au XXIe siècle*, Seuil.
PIKETTY T., 2019, *Capital et idéologie*, Seuil.
PLIHON D., 2003, *Le nouveau capitalisme*, La Découverte.
POLANYI K., 1972 (1944), *La Grande Transformation*, nrf Gallimard.
POPPER K. et CONDRY J., 1994, *La Télévision : un danger pour la démocratie*, Anatolia.
PROCTOR R. N., 2014, *GOLDEN HOLOCAUST, La conspiration des industriels du tabac*, Equateurs.
REEVES H. et LENOIR F., 2003, *Mal de terre*, Seuil.
REVAULT d'ALLONNES M., 2010, *pourquoi nous n'aimons pas la démocratie*, Seuil.
RIOT-SARCEY M. (dir.), 1993, *Femmes, pouvoirs*, Editions Kimé.
ROBIN M.-M., 2009, *Le monde selon Monsanto, De la dioxine aux OGM, une multinationale qui vous veut du bien, Arte Editions*, La Découverte/Poche.
ROUSSEL L., 2001, *L'enfance oubliée*, Odile Jacob.
SALMON C., 2013, *La cérémonie cannibale. De la performance politique*, Fayard.
SAPIR J., 2002, *Les économistes contre la démocratie, Pouvoir, mondialisation et démocratie*, Albin Michel.
SASSEN S., 2009, *Critique de l'Etat, Territoire, Autorité et Droits de l'époque médiévale à nos jours*, Le Monde diplomatique.
SCARPINATO R., 2011, *Le dernier des juges, Entretien avec Anna Rizello*, Editions la Contre Allée.
SCARPINATO R. et LODATO S., 2012 *Le retour du Prince, Pouvoir et criminalité*, Editions La Contre Allée.
SCHMITT PANTEL P., dir, DUBY G. et PERROT M., 2002, *Histoire des femmes en Occident, I. L'Antiquité,* tempus Perrin.

SOH C. S., 2008, *The Comfort Women, Sexual Violence and Postcolonial Memory in Korea and Japan*, The University of Chicago Press.

STIEGLER B., 2008, *PRENDRE SOIN, 1. De la jeunesse et des générations*, Flammarion.

STIEGLER B., 2020, *« Il faut s'adapter » Sur un nouvel impératif politique*, nrf essais, Gallimard.

STIGLITZ J. E., 2019, *Peuple, Pouvoir & Profits, Le capitalisme à l'heure de l'exaspération sociale*, LLL Les Liens qui Libèrent.

STRANGE S., 2011, *Le retrait de l'Etat, La dispersion du pouvoir dans l'économie mondiale*, Temps Présent.

SUPIOT A., 2010, *l'esprit de Philadelphie, la justice sociale face au marché total,* Seuil.

TERRAIL J.-P., 1995, *La dynamique des générations, Activité individuelle et changement social (1968-1993)* L'Harmattan.

TESTU F. et FONTAINE R., 2001, *L'enfant et ses rythmes : pourquoi il faut changer l'école*, calmann-lévy.

THEBAUD F. (Dir.), DUBY G., PERROT M., 2002, *Histoire des femmes en Occident. V. Le XXe siècle*, tempus Perrin.

THEBAUD-MONY A. *et alii*, 2015, *Les risques du travail, Pour ne pas perdre sa vie à la gagner*, La Découverte.

THOMPSON E. P., 2012, *La formation de la classe ouvrière anglaise*, Points Histoire Le Seuil.

TODD E., 2020, *Les luttes des classes au XXIe siècle*, Seuil.

TOMASELLO M., 2001, *The cultural origins of human cognition*, Harvard University Press.

TUBIANA M., 1995, *Histoire de la pensée médicale, Les chemins d'Esculape,* Champs Flammarion.

TUBIANA M., 1999, *L'éducation et la vie*, Odile Jacob.

VAROUFAKIS I., 2017, *Adults in the Room, My Battle with Europe's Deep Establishment*, The Bodley Head Ltd.

VERLEY P., 1997, *La Révolution industrielle*, folio histoire.

VINCENT S., 2001, *Le jouet et ses usages sociaux*, La Dispute.
VIVERET P., 2005, *Reconsidérer la richesse*, Editions de l'Aube.
WICHTERICH C., 1999, *La femme mondialisée*, Actes Sud.
ZANCARINI-FOURNEL M., 2016, *Les luttes et les rêves, Une histoire populaire de la France, de 1685 à nos jours*, Zones La Découverte.
ZIEGLER J., 2003, *Les nouveaux maîtres du monde, et ceux qui leur résistent*, Points Seuil.
ZIEGLER J., 2005, *L'Empire de la Honte*, Fayard.
ZINN H., 2002, *Une histoire populaire des Etats-Unis*, Agone.

Table des matières

Structures éditoriales du groupe L'Harmattan

L'Harmattan Italie
Via degli Artisti, 15
10124 Torino
harmattan.italia@gmail.com

L'Harmattan Hongrie
Kossuth l. u. 14-16.
1053 Budapest
harmattan@harmattan.hu

L'Harmattan Sénégal
10 VDN en face Mermoz
BP 45034 Dakar-Fann
senharmattan@gmail.com

L'Harmattan Cameroun
TSINGA/FECAFOOT
BP 11486 Yaoundé
inkoukam@gmail.com

L'Harmattan Burkina Faso
Achille Somé – tengnule@hotmail.fr

L'Harmattan Guinée
Almamya, rue KA 028 OKB Agency
BP 3470 Conakry
harmattanguinee@yahoo.fr

L'Harmattan RDC
185, avenue Nyangwe
Commune de Lingwala – Kinshasa
matangilamusadila@yahoo.fr

L'Harmattan Congo
67, boulevard Denis-Sassou-N'Guesso
BP 2874 Brazzaville
harmattan.congo@yahoo.fr

L'Harmattan Mali
Sirakoro-Meguetana V31
Bamako
syllaka@yahoo.fr

L'Harmattan Togo
Djidjole – Lomé
Maison Amela
face EPP BATOME
ddamela@aol.com

L'Harmattan Côte d'Ivoire
Résidence Karl – Cité des Arts
Abidjan-Cocody
03 BP 1588 Abidjan
espace_harmattan.ci@hotmail.fr

L'Harmattan Algérie
22, rue Moulay-Mohamed
31000 Oran
info2@harmattan-algerie.com

L'Harmattan Maroc
5, rue Ferrane-Kouicha, Talaâ-Elkbira
Chrableyine, Fès-Médine
30000 Fès
harmattan.maroc@gmail.com

Nos librairies en France

Librairie internationale
16, rue des Écoles – 75005 Paris
librairie.internationale@harmattan.fr
01 40 46 79 11
www.librairieharmattan.com

Librairie l'Espace Harmattan
21 bis, rue des Écoles – 75005 Paris
librairie.espace@harmattan.fr
01 43 29 49 42

Lib. sciences humaines & histoire
21, rue des Écoles – 75005 Paris
librairie.sh@harmattan.fr
01 46 34 13 71
www.librairieharmattansh.com

Lib. Méditerranée & Moyen-Orient
7, rue des Carmes – 75005 Paris
librairie.mediterranee@harmattan.fr
01 43 29 71 15

Librairie Le Lucernaire
53, rue Notre-Dame-des-Champs – 75006 Paris
librairie@lucernaire.fr
01 42 22 67 13

www.ingramcontent.com/pod-product-compliance
Lightning Source LLC
LaVergne TN
LVHW051400061026
849535LV00009B/3286

* 9 7 8 2 3 4 3 2 1 4 0 2 3 *